평범함에서
탁월함으로

평범함에서 탁월함으로
21일 만에 배우는 세일즈의 모든 것

이기는
세일즈의 비밀!

진짜 세일즈!

기본 원리만 알면
당신도
성공할 수 있다

한월북스

일러두기

* MDRT는 백만 달러 원탁회의Million Dollar Round Table의 약자로, 보험재정 상담사들의 단체입니다. MDRT 협회는 1927년 미국 테네시 주 멤피스에서 시작된 보험·재정 전문가들의 모임으로, 72개국 6만 5천여 명의 회원이 모인 전 세계적인 전문가 단체입니다. 한국의 경우 3,000여 명의 MDRT 회원이 활동하고 있으며 이 중 Honor Roll 회원(MDRT 15년 이상)은 104명, 종신회원(MDRT 10년 이상)은 292명입니다(2018년 기준).

* 생명보험 설계사, 손해보험 설계사, 투자권유 대행인, 파이낸셜 컨설턴트, 자산관리사, 재무상담사 등 금융서비스 업계의 다양한 직업 명칭을 '재무설계사' 혹은 '재무상담사'로 통칭해 사용했습니다.

사전 질문
우리는 영업을 제대로 이해하고 있을까?

세일즈 마인드를
점검하기 위한
12가지 질문

▶ 다음 문항을 읽고 정답을 체크해 보자.

---

1. 세일즈맨은 … 해결책을 판매할까? A 문제를 판매할까? B

---

2. 사교적이고 외향적인 성격을 가진 영업인이 … 성과를 잘 낼까? A 그렇지 않을까? B

---

3. 고객과 상담 시 주도권 확보를 위해서 … 내가 미리 준비한 화제로 대화를 이끌어야 할까? A 상대방 관심사에 초점을 맞춰야 할까? B

---

4. 영업 성과를 높이기 위해서 … 계약 체결 확률을 높여야 할까? A 활동량을 늘려야 할까? B

5   상담을 끝까지 진행했는데 계약을 미루는 고객이 있다. … 계속 만나 관리해야 할까? **A** 미련을 버리고 그만 시도해야 할까? **B**

6   주변 지인들이 많으면 … 영업에 유리할까? **A** 장기적으로 큰 영향이 없을까? **B**

7   하루하루 열심히 활동한다면 … 굳이 목표를 세울 필요는 없을까? **A** 아니면 목표를 꼭 세워야 할까? **B**

8   차별화를 위해서 … 전략과 같은 큰 그림의 변화를 추구해야 할까? **A** 사소해 보이는 작은 서비스를 개선해야 할까? **B**

9   VIP 마케팅을 위해서는 … 전문적 지식이 더 중요할까? **A** 아니면 인간적 관계가 더 중요할까? **B**

10 고객이 보험 계약을 해지하는 가장 큰 이유는 … 상품과 회사 때문일까? **A** 다른 원인 때문일까? **B**

11 영업을 10년 이상 하면 기존 고객만 관리해도 … 영업이 가능할까? **A** 아니면 신규 고객을 계속 창출해야 할까? **B**

12 100분 토론과 같은 TV프로그램을 떠올려 보라. … 영업인은 토론자 역할일까? **A** 사회자 역할일까? **B**

▶ 결과 해석

A가 0~3개인 경우

영업에 대한 이해도가 높다. 세일즈 마인드를 이미 갖추고 있는 사람이다. 만약 지금까지 살아오며 영업을 전혀 경험해 보지 않았다면 당신은 타고난 세일즈맨이다. 1부를 건너뛰고 2부 내용부터 바로 읽어도 좋다. 세일즈 핵심 원리를 1일부터 학습해 세일즈 성공 법칙과 실전 기술을 체득하기 바란다.

A가 4~7개인 경우

영업에 대한 이해도는 중급 수준이다. 오해하고 있는 몇 가지 사항은 본문을 통해 확인해 보자. 조급하게 생각할 필요는 없다. 세일즈 성공 원리를 학습한 후 영업을 해도 늦지 않다. 바른 방법으로 활동해야 성과를 쉽게 높일 수 있다.

A가 8~12개인 경우

영업에 대한 사전 이해도는 낮다. 그러나 실망할 필요는 없다. 지금부터 천천히 배워 이해하고 실행하면 된다. 영업의 핵심 원리는 복잡하지 않다. 다만 선입견을 버리고 열린 마음으로 읽어라.

각 문항에 대한 정답은 다음 장에서 확인해 보기 바란다.

1번 ⇨ 문제점 vs 해결책 (p.134)

2번 ⇨ 사교적인 사람이 세일즈를 잘할까? (p.38)

3번 ⇨ 호기심이 상담의 출발이다 (p.121)

4번 ⇨ 고객은 일단 만나야 한다 (p.112)

5번 ⇨ 마감은 열정이다 (p.97)

6번 ⇨ 영업을 잘하기 위해서는 인맥이 넓어야 할까? (p.31)

7번 ⇨ 목표가 있어야 목표를 이룬다 (p.159)

8번 ⇨ 어떻게 차별화할 것인가? (p.180)

9번 ⇨ 지식과 상담 능력이 가장 중요할까? (p.41)

10번 ⇨ 세일즈의 본질 (p.104)

11번 ⇨ 롱런의 비밀 (p.196)

12번 ⇨ 상담은 답변이 아니라 질문이다 (p.127)

머리말

이 책은
진짜 영업인이
쓴 책이다

"영업은 이해가 아니라 실천이다."

참 좋아하는 말이다. 영업 현장에서 해를 거듭할수록 마음에 와 닿는 문장이다. 아는 만큼 실천하기 어렵다는 뜻도 있고, 이해해야 할 내용이 그리 많지 않다는 의미도 있다. 그런데 다른 궁금증도 생긴다. 사람들은 정말 영업을 잘 이해하고 있을까?

이 책은 현장에서 뛰고 있는 진짜 영업인이 쓴 글이다. 수많은 상담을 통해 느끼고 깨달았던 경험을 타인의 손을 빌리지 않고 직접 썼다. 우리는 학자나 연구원이 아니다. 영업 교육 담당자도 아니고, 세일즈 조직을 관리하는 매니저도 아니다. 현장에서 20년 가까이 영업을 했고, 재무 서비스 분야에서 성공의 척도라고 평가받는

'Honor Roll(MDRT 15년) 달성' 멤버가 되었다. 그리고 그 경험은 여전히 진행 중이다. 수많은 강의 활동과 MDRT 봉사 활동, 대학원 학업도 병행했지만 영업 현장을 떠난 적은 없다.

서점에 가 보면 세일즈와 마케팅 관련 서적이 많이 나와 있다. 그 책들 중 상당수는 꽤 유익한 내용을 담고 있다. 이런 상황이다 보니 처음 책 출간을 기획했을 때 고민했다. 세일즈 책을 하나 더 출간해 세상에 보태는 일이 과연 의미 있을까 하는 의문 때문이었다. 한동안 망설였지만 현업에 있는 후배들을 위해 쓰기로 결심했다. 아래 세 가지 이유 때문이다.

첫째, 이 책은 현장 영업 전문가가 쓴 책이다.

시장에 나와 있는 책 대부분은 현재 영업을 하지 않는 사람들이 썼다. 처음부터 영업을 하지 않고 교육 업무를 했거나 과거 세일즈를 잠시 한 후 현재는 관리자를 하는 경우다. 교육 전문 업체를 운영하거나 대학 교수로 활동하는 사람도 있다. 결국 무슨 일을 하고 있든 지금은 현장에서 영업을 하지 않는 사람이라는 뜻이다.

그럼 한번 생각을 해 보자. 한때 영업을 했던 사람이 과거 경험으로 만든 전략이 현실의 영업 세계를 충실히 반영할까? 물론 체계적인 이론으로 세일즈 전략을 잘 설명한 책도 있다. 과거 경험을 기반으로 만든 책이라고 현재 다 무의미한 이론은 아니다. 심지어 100년 전 세일즈 아이디어가 여전히 유효한 경우도 있다.

하지만 세일즈 현장은 늘 변한다. 한때의 아이디어는 이미 죽은 전략이 되는 경우가 빈번하다. 영업 환경이 그대로 있지 않기 때문이다. 필자만 해도 2002년부터 지금까지 많은 어려움을 겪었다. 과거 최고의 영업 전략이 더 이상 효력을 갖지 못하고 구시대의 유물로 전락하는 일도 종종 경험했다. 과거를 돌아보니 위기가 오면 변하기 위해 노력했고 새 환경에 적응하며 성공적인 커리어를 쌓아 왔다. 아니, 여기까지 버티며 겨우 살아남았다.

소나무는 추운 겨울을 견디며 자신의 나이테를 늘려 나간다. 영업인도 마찬가지다. 세일즈 현장에서 보낸 세월만큼 영업 내공을 쌓는다. 영업 현장에서 일하고 있을 때 세일즈 관련 책을 써야 한다. 그래야 현재의 힘든 영업 현실을 피부로 느끼며 겸허한 마음으로 생각을 정리하기 때문이다. 이것이 이 책을 쓴 첫 번째 이유다.

둘째, 영업인의 독서 호흡을 고려한 책이다.

한국 문화에 맞는 영업 방법을 소개했던 전작 『TOP 세일즈맨의 노트를 훔치다』를 출간한 후 많은 강연을 다닐 때였다. 강의가 끝난 후 지점장 한 분과 말씀을 나눌 일이 있었다.

"강의 잘 들었습니다. 저는 미리 책을 다 읽었는데, 1시간 강의로 책 전체를 요약해 주니 좋네요. 핵심이 잘 이해되었습니다. 외부 활동에 바쁜 영업인은 차분히 책 읽기가 쉽지 않거든요. 우리에게는 이론적으로 잘 정리된 책보다 하루 10분이라도 읽고 따라할 수 있는 책이 더 필요할지 모릅니다."

지나가듯 들은 말인데 한동안 내 머릿속에서 이 생각이 떠나지 않았다. 돌아보니 첫 책을 쓰면서는 주로 내 생각을 밝히는 데 집중했다. 쉽게 설명하고 어떻게 잘 전달할지에 초점을 맞춰 집필했다. 물론 설명을 통한 이해가 주된 목적인 책이라면 이 방식이 맞다. 하지만 영업인에게는 읽고 행동하도록 만드는 책이 필요하다. 마음에 남는 문장보다 당장 실행하도록 만드는 글이 더 빛을 발한다.

이 책은 21일 동안 따라할 수 있도록 구성했다. 연구를 통해 알려진 대로 21일은 습관이 형성되는 최소 기간이다. 하루에 한 주제씩 읽고 실천한다면 영업의 핵심 원리를 몸에 익힐 수 있다. 습관은 배신하지 않는다. 많은 시간을 독서에 할애할 필요는 없다. 하루 하나씩만 읽고 실행하면 된다.

셋째, 읽은 후 행동하는 데 가장 크게 초점을 맞춘 책이다.

서두에서 강조했듯 영업은 이해가 아니라 실천이다. 책을 읽으며 '아, 그래 이 생각이 맞지.', '이 아이디어는 신선한데?' 하고 고개만 끄덕이고 만다면 이 독서가 무슨 의미가 있겠는가? 행동하지 않는다면 아무 소용이 없다.

"읽은 글이 아니라 기억하는 문장이 우리를 현명하게 한다."

영국 철학자 프랜시스 베이컨이 남긴 명언이다. 이 문장에 빗대어 다음과 같은 말을 하고 싶다.

"생각이 아니라 행동이 영업인의 성과를 결정한다."

2부에는 21일 동안 제시되는 주제마다 'Action Plan실행 계획'이 있다. 스스로 작성하는 공간이다. 본문에서 확인한 내용을 구체적 행동으로 옮겨 보자. 스스로 계획을 세워 그날 읽은 아이디어를 실천하자. 연습을 반복하면 습관이 되고, 습관은 우리를 성공으로 이끈다. 영업의 세계에서는 언제나 행동하는 자에게 기회가 있다.

이 책은 총 3부로 구성되었다.

1부에서는 세일즈에 대해 가지고 있는 사람들의 선입견을 다뤘다. 영업이 힘든 사람 중에는 잘못된 편견을 가진 이가 있다. 부족한 점을 개선하려고 해도 중요한 포인트를 모르니 나아지지 않는다. 세일즈에 관해 오해하는 부분이 있다면 생각을 바로잡고 개선해야 한다. 옆으로 굴러가는 바퀴를 자동차에 장착했다면 아무리

가속 페달을 밟아도 차는 앞으로 가지 않는다. 영업의 세계도 마찬가지다. 생각을 바꾸지 않는 한 결과는 나아지지 않는다.

2부에서는 21가지 세일즈 아이디어를 다뤘다. 크게 3가지 영역이다.

첫 번째는 '세일즈 프로세스 이해'다. 도전 1일~7일에서는 기본 영업 철학, 가망고객 발굴, 영업 활동, 상담, 계약 체결 등을 다뤘다. 기본 영업 활동과 세일즈 프로세스를 이해하는 시간이다. 3년 차 이하 재무상담사라면 세심하게 살펴봐야 할 주제다.

두 번째는 '상담 기술 및 세일즈 아이디어'다. 도전 8일~14일은 실제 영업 현장에서 유의해야 할 내용이다. 지속적인 활동, 상담 기술, 세일즈 아이디어, 고객관리 등에 관하여 설명했다. 상담 실적을 높이기 위하여 집중해서 읽어야 할 주제다.

세 번째는 '성장 전략'이다. 도전 15일~21일에는 영업 전문가로서 장기 발전 로드맵을 그릴 수 있도록 구성했다. 목표 관리, 몰입하는 태도, 성장 계획, 차별화 전략, 소개영업 시스템 등이 주제다. 슬럼프는 누구에게나 찾아올 수 있다. 위기가 찾아와도 극복할 수 있는 힘은 미래를 향한 비전에 있다. 재무상담사로서 미래를 생각하고 계획을 세우는 시간으로 활용하면 좋겠다. 현재 영업이 성공적인 상담사라면 장기 성장 전략을 계획하는 기회로 활용하기 바란다.

2부의 구성은 크게는 본문과 Action Plan으로 이뤄졌다. 본문에서는 그날의 주제를 기술했다. 'Action Plan'은 그날 아이디어를 실천할 구체적 지침을 작성하는 곳이다. 눈으로만 읽지 말고 펜을 들어 자신의 계획을 직접 기입해 보기 바란다. 우리가 썼지만 이 책의 완성은 독자의 몫이다.

3부에서는 마지막으로 강조하고 싶은 세일즈 마인드를 정리했다. 영업인에게 당부하고 싶은 3가지다. 영업을 'Mental Job^{정신으로 하는 일}'이라고 하는데 그만큼 마음가짐이 중요하다는 뜻이다. 긍정의 프레임, 자기 주도적 태도, 끈기와 인내심을 다뤘다. 세일즈를 하는 모든 이들에게 중요한 키워드라고 생각한다. 만약 슬럼프에 빠져 이 책을 집어 든 경력자라면 3부 내용을 현재 자신의 모습과 비교해 보기를 부탁한다. 오래된 영업인일수록 구체적 기술보다 마인드 점검이 더 필요하다.

이 책이 세상에 나오기까지 많은 분의 도움이 있었다. 『당신의 보험금을 의심하라』의 윤용찬 대표님, 『반하게 하라』의 문상진 Ex. LP님은 책을 써 본 저자로서 원고의 방향과 구성에 큰 아이디어를 주셨다. 10년, 15년 이상 영업의 고수로 활동하고 있는 백찬현 한국 MDRT 15대 협회장님, 김숙좌 명예이사님은 오랜 현장 경험을 바탕으로 원고를 검토해 주셨다. 신문사 근무와 설계사로서의 경험, GA 관리에 이르기까지 다양한 활동을 해 온 최현주 과장님 역시 풍부한 조언을 아끼지 않으셨다.

영업 경력이 이제 만 10년 된 김태윤, 8년 차로 접어든 박무송, 업계에 발을 들인 지 2년이 된 조성훈, 채문석 후배님에게도 감사하다. 다양한 경력을 가진 영업인들의 원고 검토가 실질적인 도움이 되었다. 미처 생각하지 못했던 원고의 약점을 보완할 수 있었고, 여러 새로운 견해도 추가할 수 있었다. 많은 분들의 조언 덕분에 이 책의 완성도를 높일 수 있었다.

바쁜 시간 속에서 기꺼이 시간을 내 원고를 세밀하게 검토하고 아이디어를 주신 모든 분들에게 다시 한번 깊은 감사의 말씀을 드린다.

시작하기에 앞서

신념이 있는
사람이
결국 성공한다

15년 이상 재무설계사로 일하면서 발견한 사실이 하나 있다. 오랫동안 성과를 내는 사람의 공통된 특징은 직업에 대한 자부심이 있다는 점이다.

"하나님이 만든 최고 걸작 중의 걸작은 사람이고, 사람이 만든 최고 작품 중 하나는 바로 보험이라는 제도입니다. 그 보험을 가장 가치 있고 의미 있게 전달하는 사람이 바로 저입니다."

"우리는 의사, 변호사, 성직자만큼 숭고한 일을 하고 있습니다. 누군가에게 절망의 순간이 찾아왔을 때, 어둠을 물리

칠 빛을 전하는 사람입니다."

"언제 어느 때 당신의 헌신적인 사랑으로도 지켜 낼 수 없는 운명과 만난다면, 미처 다하지 못한 사랑 때문에 당신은 후회할지도 모릅니다. 가족에게 발생할지 모르는 고통을 제가 덜어 드리겠습니다."

"저금리·고령화 추세는 많은 사람을 힘들게 할 것입니다. 우리는 더 많은 사람에게 더 밝은 미래를 준비해 드리는 일을 하고 있습니다."

"삶에서 일어나지 않았으면 하는 가정은 크게 두 가지입니다. '너무 일찍 죽거나 혹은 돈 없이 너무 오래 산다면(If you die too soon or if you live too long without money).' 우리는 이 두 가지 위험으로부터 고객이 벗어날 수 있도록 돕습니다."

우리의 직업을 소개하는 말이다. '타인에게 도움을 주는 일'이란 표현이 공통된 생각이다.

자신의 일에 대해 자부심을 가지고 임하는 재무설계사가 결국 성공한다. 자신의 정체성을 어디에 두는지에 따라 마음가짐과 행동이 달라지기 때문이다. 한 건의 계약을 체결하는 데는 영향이 작겠지만, 자부심과 정체성은 장기적 성공을 위한 초석이 된다.

15년 이상 현장에서 일하면서 다양한 경험을 해 왔다. 암 진단 보험금과 수술 보험금을 지급하며 보험의 의미를 다시 생각했고, 납입을 끝낸 후 연금을 개시하는 고객을 보며 보람을 느꼈다. 사망 보험금을 챙겨 드릴 때는 보험의 가치를 새삼 깨닫기도 했다. 가족을 잃은 유족의 상실감을 돈으로 메울 수는 없겠지만, 경제적으로나마 큰 힘이 되는 것을 목격했다. 아빠의 죽음은 감정적으로 슬픈 일이지만, 가장의 빈자리는 경제적 고통을 초래할 수 있기 때문이다. 지금 이 글을 쓰는 순간 고객과 있었던 많은 일들이 머릿속을 스친다.

동종업계에 종사하는 사람들 대부분이 그러했겠지만, 나 또한 처음 보험업계에 발을 들일 때 주변의 반대가 심했다. '과연 내가 잘 할 수 있을까?' 낯선 일에 대한 도전은 결코 쉬운 결정이 아니었다. 망설이고 주저하며 보낸 시간이 6개월이 넘었다. 고민만 반복하며 세월을 보낼 수는 없었다. 어느 날 아침 결심이 섰다. '그래, 하자. 누군가 해냈다면 나도 할 수 있겠지.' 남들이 쉽게 인정받지 못하는 일에서 성공하고 싶다는 생각이 들었다.

가까운 사람의 반대에도 불구하고 시작했던 일이라 처음부터 잘하고 싶었다. 의욕이 넘쳤다. 누구보다 일찍 출근했고 늦게까지 일했다. 필요한 지식을 열심히 습득했고, 업무 환경에 빠르게 적응하려 노력했다. 미래는 밝게 느껴졌다. 그런데 문득 떠오르는 질문이 있었다.

'잘한다는 것이 무엇일까?'

영업 실적이 좋아야 하겠지만 그것이 전부는 아니다. 보험·재정 서비스는 장기적인 관점에서 진행하는 일이다. 고객 재무 상황과 필요성을 판단해 장기 계획을 세우는데, 단기 실적에만 쫓겨서는 곤란하다.

현실의 세계에서는 많은 재무설계사들이 매달 요구되는 실적에 압박을 받는다. 단기적 판매에만 열을 올리다 보니 장기적 관점을 놓치는 경우가 많다. 성공적인 롱런에서 멀어지는 순간이다. 처음 입사해 가졌던 포부는 어느새 잊어버리고 하루하루 버티는 날이 이어진다. 그렇게 6개월 이상 지나면 모든 의욕은 사라져 버리고 만다. 다른 직업을 알아보다 결국 이 업계를 떠난다.

처음부터 영업 철학을 가지려고 노력해야 한다. 당장 한 건의 실적이 전부가 아니다. 왜 보험 영업을 하고 왜 고객에게 재무 설계 서비스를 하는지 스스로 답을 찾아야 한다. 처음에는 업계 선배가 가진 영업 철학을 수용해도 된다. 무엇이든 돈을 버는 수단 이상의 가치를 추구해야 한다. 직업인으로서 의미를 발견하지 못하는 한 롱런은 어렵다.

'Input투입이 바뀌어야 Output산출이 다르게 나온다.' 영업 세계의 진리다. 노력하지 않는 한 결과는 달라지지 않는다. 영업은 정직한 게임이다. 헤르만 헤세의 『데미안』에 나오는 말을 우리는 기억해야 한다.

"달걀은 스스로 부화하면 병아리가 되지만, 남이 깨뜨리면 달걀 프라이가 된다."

장교로 군 전역 후 첫 회사에서 영업을 처음 배울 때 故 이광우 상무님이 했던 말이 생각난다. "영업은 흔적을 남기는 일이다. 살아가는 모든 과정이 영업이다."

가정에서도 사실 우리는 영업을 한다. 배우자 혹은 자녀와 의견이 맞지 않을 때 협상을 하고 타협을 한다. 그 결과 상대방 뜻을 수용하는 경우도 있지만 내 뜻을 관철시킬 때도 있다. 일종의 영업인 셈이다. 살아가면서 사람과 겪는 일을 풀어 가는 모든 행동이 영업의 다른 형태다. 삶이 곧 영업이다.

이 책이 독자의 영업 성과를 높이는 데 조금이라도 도움이 되었으면 좋겠다. 여러분 모두가 정도장락正道長樂하여 오래 살아남는 영업인이 되기를 희망한다. 'History그들의 역사'에 머물지 않고 'My story내 역사'를 만들어 가기를 진심으로 바란다. 더 나은 미래는 우리가 선택하는 것이다. 성공한 영업인, 행복한 영업인이 되기를 간절히 소망한다.

차례

일러두기 · 5
사전 질문 우리는 영업을 제대로 이해하고 있을까? · 6
머리말 이 책은 진짜 영업인이 쓴 책이다 · 10
시작하기에 앞서 신념이 있는 사람이 결국 성공한다 · 18

 오해: 세일즈에 관한 6가지 선입견

오해 1	영업을 잘하기 위해서는 인맥이 넓어야 할까? · 31
오해 2	말을 잘해야 영업을 잘할까? · 35
오해 3	사교적인 사람이 세일즈를 잘할까? · 38
오해 4	지식과 상담 능력이 가장 중요할까? · 41
오해 5	영업은 부탁하고 구걸하는 것일까? · 45
오해 6	영업은 정말 어려운 일일까? · 48
결론	세일즈에 관한 당신의 생각을 포맷하라 · 52

도전: 21일 만에 배우는 세일즈의 모든 것

도전 1일　**영업 철학** 세 바퀴 자전거 타기 · 59
　　　　　　Action Plan · 64

도전 2일　**고객 발굴** 가망고객 발굴이 시작이다 · 66
　　　　　　가망고객을 발굴하는 7가지 방법 · 72
　　　　　　Action Plan · 74

도전 3일　**약속 잡기** 약속을 먼저 팔아라 · 76
　　　　　　Action Plan · 81

도전 4일　**활동** 진실의 순간 · 83
　　　　　　상담평가서 · 87
　　　　　　Action Plan · 89

도전 5일　**지식** 당신이라면 가입하겠는가? · 91
　　　　　　Action Plan · 95

도전 6일　**열정** 마감은 열정이다 · 97
　　　　　　Action Plan · 103

도전 7일　**관계** 세일즈의 본질 · 104
　　　　　　Action Plan · 110

도전 8일　`활동량` 고객은 일단 만나야 한다 • 112
　　　　　Action Plan • 120

도전 9일　`관심` 호기심이 상담의 출발이다 • 121
　　　　　Action Plan • 125

도전 10일　`문답법` 상담은 답변이 아니라 질문이다 • 127
　　　　　질문을 더 잘하는 방법 • 131
　　　　　Action Plan • 132

도전 11일　`초점` 문제점 vs 해결책 • 134
　　　　　Action Plan • 139

도전 12일　`태도` 생방송을 준비하라 • 140
　　　　　Action Plan • 143

도전 13일　`보장 철학` 고객에게 충분한 보험인지 확인하라 • 144
　　　　　Action Plan • 149

도전 14일　`고객관리` 가망고객 확보하기 • 151
　　　　　Action Plan • 157

도전 15일　`목표` 목표가 있어야 목표를 이룬다 • 159
　　　　　하루 10점 시스템 • 163
　　　　　Action Plan • 166

도전 16일　`몰입` 성공의 조건이자 행복의 조건 • 168
　　　　　Action Plan • 172

도전 17일　`비전` 당신은 성장하고 있는가? • 174
　　　　　Action Plan • 178

| 도전 18일 | 차별화 어떻게 차별화할 것인가? · 180 |
| | Action Plan · 188 |

| 도전 19일 | 인내 평범함에서 탁월함으로 · 190 |
| | Action Plan · 194 |

| 도전 20일 | 전략 롱런의 비밀 · 196 |
| | Action Plan · 201 |

| 도전 21일 | 카르페 디엠 지금 이 순간을 살아라 · 202 |
| | Action Plan · 206 |

3부 당부: 절대 잊지 말아야 할 3가지 원칙

당부 1	긍정의 프레임을 유지하라 · 211
당부 2	오늘부터 당신이 사장님이다 · 215
당부 3	절대 포기하지 않겠다고 약속하라 · 219

맺음말 4차 산업혁명시대, 사람과 소통하는 능력이 더 중요해진다 · 224

나는 세상을 강자와 약자, 성공과 실패로 나누지 않는다.
나는 세상을 배우는 자와 배우지 않는 자로 나눈다.

벤저민 바버

1부

오해

세일즈에 관한 6가지 선입견

영업을 잘하기 위해서는
인맥이 넓어야 할까?

한 사람을 제대로 소개받아 고객으로 만드는 것이 별 감흥을 일으키지 않는
수천 명의 명단을 갖는 것보다 좋다는 것을 기억하라.

잭 킨더 & 게리 킨더 (『미래를 파는 사람들의 절대성공법칙』 중에서)

"그 친구 마당발이야. 모르는 친구가 없어."

살면서 흔히 쓰는 말이다. 주변을 둘러보면 인맥이 넓은 사람은 장례식이나 결혼식에서 티가 난다. 그곳에 사람들이 얼마나 오는지를 보면 평소 알고 지내는 사람의 수를 짐작해 볼 수 있기 때문이다.

마당발인 사람을 살펴보면 천성적으로 사람을 좋아하는 성격을 가졌을 수도 있고, 사회생활을 통해 사람들과 교류하며 인적 네트워크가 넓어진 경우도 있다.

여기서 잠깐 질문을 해 보자. 영업을 잘하기 위해서는 넓은 인맥이 도움이 될까? 많은 사람을 알고 지내야 영업을 잘할 수 있을까?

정답은 '아니오'다. 장기적 관점에서 보면 인맥과 영업 성과는 거의 관계가 없다. 아는 사람이 많으면 영업을 잘할 수 있다는 말은 상식처럼 들리지만 그릇된 선입견이다. 나 역시 영업을 해 보기 전에는 인맥이 중요하게 작용할 것이라 예상했지만 현실은 전혀 그렇지 않았다. 주변을 봐도 마찬가지다.

나는 서울에서 직장생활을 하다 고향인 지방으로 가서 영업을 했는데, 시작할 때 주변의 우려가 있었다. 사회 경험이 짧은 상태에서 생활 근거지가 바뀌었으니 찾아갈 사람이 많지 않았기 때문이다. 그런데 결과는 어땠을까? 초기 활동이 쉽지는 않았지만 MDRT 자격을 15년 연속 달성하고 있다.

비슷한 사례는 무수히 많다. 영업 현장에 오래 있으면서 나와 같은 동료와 선후배들도 숱하게 봐 왔기 때문에 자신 있게 말할 수 있다. 인맥은 영업과 큰 관련이 없다. 마당발이 영업에 유리하다는 생각은 잘못된 생각이다. 지인이 많으면 초기의 영업 활동에 반짝 플러스가 될 뿐이다. 결코 오래가지 못한다.

주변에 아는 사람이 많으면 처음에는 편하다. 활동을 시작하면 많은 가망고객과 약속을 잡아야 하므로 넓은 인맥이 도움이 된다.

그런데 여기서 중요한 사실은 그 장점이 약속을 잡는 것 자체에만 영향을 미친다는 점이다. 사실 상담 후 모든 사람이 계약을 하는 것이 아니다. 때문에 만날 수 있는 사람이 많다는 사실이 계약 성사와 비례하지 않는다. 그러므로 인맥이 영업 결과에 큰 영향을 미치지 않는다는 결론을 쉽게 얻을 수 있다.

업계에서 일을 해 본 사람이라면 누구나 말한다. 초기 인맥은 트레이닝 과정에 필요한 우호적인 잠재고객일 뿐이라고. 실제 그분들 중 상당수가 계약을 하지 않는다. 고객으로 인연 맺기는 전혀 다른 일이다.

재무설계사 입문자 중에는 해외에서 돌아온 지 얼마 안 되었거나 군에서 갓 제대해 만날 사람이 거의 없는 사람도 있다. 이들에 대해 어떻게 잠재고객을 발굴해 영업을 할까 우려하는 시각도 있지만 고생하는 시간은 짧다. 몇 달이 지나면 같은 시기에 일을 시작한 동료와 비슷한 처지가 된다. 지인이 많았거나 적었거나 큰 차이가 없다.

업계의 격언 중 "짧으면 3개월, 길면 1년"이라는 말이 있다. 처음 활동을 시작해 지인을 찾아갈 수 있는 기간이 보통 3개월 정도라는 뜻이다. 아는 사람이 많으면 6개월 혹은 1년이다. 아무리 길어도 1년을 넘기는 경우는 거의 없다. 그렇다면 한번 생각을 해 보자.

1년이라는 시간이 평생 업적에 얼마나 많은 영향을 미칠까?

인맥은 영업과 상관이 없다. 영업인으로서 성공 여부를 판단하는 데 있어서 전혀 고려하지 않아도 되는 요소다. 마당발이냐 아니냐는 영업인의 성공에 아무런 영향이 없다. 아는 사람이 많다고 해서 영업을 잘한다는 보장은 없다. 마찬가지로 인맥이 없어 영업을 못한다는 말도 핑계일 뿐이다. 영업은 누구에게나 공평한 게임이다.

오해
2

말을 잘해야
영업을 잘할까?

중요한 것은 말하는 것이나 희망하는 것,
바라는 것이나 의도하는 것이 아니다. 행동하는 것이다.
브라이언 트레이시(세계적인 동기부여 전문가)

영업인에 대한 이미지 중 하나는 '달변가'라는 것이다. 남 앞에서 말을 잘하는 능력이 영업 실적과 비례한다는 생각이다. 실제 영업 현장에서 달변이 요구될까?

성경에 모세라는 인물이 나온다. 모세는 이스라엘 레위족 집안에서 태어났다. 당시 이스라엘 남자 아이는 태어나자마자 목숨을 잃었다. 지배자였던 파라오가 학살 명령을 내렸기 때문이다. 모세는 이스라엘 핏줄로 태어났으니 곧 죽게 될 운명이었다. 그 어머니는 눈물을 머금고 모세를 나일강에 버린다. 혹여 누구라도 발견하면 목숨을 살릴 수 있으리라는 기대감 때문이었다. 신의 뜻이었을까? 모세는 파라오의 딸에게 발견되어 왕궁에서 자란다.

평생 많은 일을 겪었던 모세는 80세가 되던 해, 민족을 위한 긴 여정을 시작한다. 히브리 민족을 이끌고 이집트를 탈출한 것이다. 홍해 바다를 건넌 그는 40년에 걸친 광야 생활을 한다. 오랜 고생 끝에 이스라엘 민족은 마침내 가나안 땅으로 들어간다(민족을 해방시켰던 모세 본인은 정작 가나안 땅을 밟지 못했다. 요단강을 건너기 전 예리고 맞은편 모압 땅 느보산에서 향년 120세에 죽었다고 전해진다).

역사학자들은 모세를 람세스 2세 시대인 기원전 13세기경 이스라엘의 종교 지도자이자 민족 영웅으로 추정하고 있다. 한마디로 모세는 이스라엘 민족을 이집트에서 탈출시킨 위대한 지도자였다.

이처럼 모세는 뛰어난 인물이었지만 하나님이 모세를 부를 때 그는 지도자의 역할을 정중히 거절한다. 성경에는 다음과 같은 대목이 나온다.

"나는 본래 말을 잘하지 못하는 자니이다. 주께서 주의 종에게 명령하신 후에도 역시 그러하니 입이 뻣뻣하고 혀가 둔한 자니이다."

출애굽기 4장에 있는 구절이다. 모세는 자기가 말을 잘 못하는 자이기 때문에 지도자가 될 수 없다고 고백한다. 혀가 둔한 자라며 그 역할을 사양한다. 하지만 모세는 시나이산에서 십계명을 받고, 자신의 민족을 가나안 땅으로 인도하는 위대한 일을 해낸다.

모세는 유대인의 조상인 아브라함보다 더 추앙받고, 현명함의 대명사가 된 다윗왕보다 더 존경받는 인물이 되었다. 달변이냐 눌변이냐는 그 인물의 능력과 됨됨이를 결정하는 요소가 아닌 것이다.

영업의 세계도 마찬가지다. 말 잘하는 능력과 실적이 비례하지는 않는다. 오히려 부정적인 영향을 끼칠 때도 있다. 사람들은 지나친 달변을 경계하는 성향이 있기 때문이다. 말을 너무 잘하는 사람은 종종 의심받는다. 사기꾼들은 하나같이 달변가이지 않은가?

영업은 세 치 혀로 상대방을 설득하는 일이 아니다. 뭔가를 잘 설명해야 하는 일도 아니다. 영업은 상대방 말에 귀를 기울이고 소통하는 일이다. 고객 마음을 잘 읽기 위해서 말을 잘할 필요는 없다. 오히려 잘 듣는 태도와 타협하고 수용할 줄 아는 넓은 마음이 영업인에게 더 필요하다. MDRT 회원 중에는 수화로 대화하는 언어 장애인도 있다.

분명하게 말할 수 있다. 말을 잘하는 능력은 영업 실적과 무관하다. 말을 잘 못하더라도 상대방을 이해하고 진심으로 소통하는 일이 바로 영업이다.

오해 3

사교적인 사람이 세일즈를 잘할까?

> 양향적인 사람이 다른 사람을 움직이는 데 최고인 이유는
> 그들이 동조를 가장 능수능란하게 다룰 수 있는 사람들이기 때문이다.
> 다니엘 핑크(세일즈 분야 베스트셀러 작가)

영화나 드라마를 볼 때 생기는 불만이 있다. 극 중 영업을 하는 사람에 대해 대부분 성격이 활달하고 외향적이며 넉살 좋은 사람으로 묘사하는 점이다. 점잖게 표현해 외향적인 사람이지, 부끄러움도 모르는 철면피로 그려지는 경우도 많다. 현실에서는 수줍은 성격을 가진 영업인도 많은데 말이다. 시나리오를 쓰는 작가는 실제 영업 현장에서 일하는 사람을 만나 본 적은 있을까 하는 의심이 든다.

오랜 시간 영업 세계에 몸담아 보니 롱런하는 사람들 중에도 다양한 성격 유형이 있다는 것을 알게 되었다. 영화에서 그려지듯 에

너지 넘치고 적극적인 사람도 있는 반면 조용한 성격을 가진 이도 있다. 성격의 유형이 다양한 것이다. 그러므로 어떤 성격이 영업에 더 적합하다고 특정할 수 없다.

사실 성공하는 사람들 속에서 성격의 공통분모를 찾기란 어렵다. 한마디로 각양각색이다. 그래도 질문을 해 보자. 굳이 구분하자면 영업은 외향적인 사람이 잘할까, 내향적인 사람이 유리할까?

대부분의 사람들은 최고 세일즈맨은 외향적인 사람이라고 짐작한다. 본래 세일즈란 낯선 사람을 만나 대화하고 뭔가를 요구해 얻어 내는 일이기 때문이다. 그런 관점에서 보자면 타인과 교류를 잘하는 외향적인 사람이 영업을 잘해야 한다. 이는 논리적으로 타당해 보이는 생각이다.

이런 통념에 의문을 품은 학자가 있었다. 미국 명문 MBA 와튼 스쿨의 아담 그랜트 교수는 '외향성과 영업인의 성공 여부 관계'에 관심을 가졌다. 자료를 수집하고 연구에 들어갔는데 어떤 결과가 나왔을까? 정답은 기존 상식과 달랐다. 외향적인 세일즈맨이나 내향적인 영업인이나 성적이 신통치 않은 건 마찬가지였다. 실적이 뛰어난 사람은 양향적인 성격을 가진 세일즈맨이었다. 최고의 세일즈맨은 극도로 외향적이지도 않고 심하게 내향적이지도 않은 사람인 것이다. *

2010년 발표된 '하버드 비즈니스 리뷰'에도 비슷한 연구 결과가 나왔다. 세일즈맨을 대상으로 한 연구에서 실적이 가장 좋은 사람은 사교성이 평균보다 낮은 사람이었으며, 가장 사교적인 세일즈맨은 성과 면에서 종종 가장 낮은 점수를 기록했다.

유럽과 미국 고객들을 대상으로 한 대규모 연구에 따르면, 세일즈맨에게 '가장 부정적인' 행동은 정보가 빈약한 상태에서 고객을 대면하는 일이 아니었다. 열의가 지나쳐 고객에게 너무 자주 연락하는 적극성이 가장 문제였다. 바꿔 말하면, 외향적인 사람들은 자기 발에 걸려 넘어지는 실수를 자주하고 있는 셈이다.

이처럼 사교적인 사람이 세일즈에 능하다는 생각은 편견이다. 외향적인 사람이 영업에 적합하다는 통념은 틀렸다. 사회에서 형성된 잘못된 선입견을 우리는 무심코 받아들이고 있었다.

영업인에게 한 가지 반가운 소식이 있다. 인구 분포를 보면, 양향적인 사람이 극도로 외향적이거나 내성적인 사람보다 훨씬 많다고 한다. 우리 대부분은 최고의 세일즈맨이 될 수 있는 자질을 타고 났다는 말이다.

'Natural-born Salesman^{타고난 세일즈맨}'은 바로 당신이다.

---

* 다니엘 핑크, 김명철 옮김, 『파는 것이 인간이다』, 청림출판, 2016, 121쪽.

지식과 상담 능력이 가장 중요할까?

가망고객들이 금융상품을 구매하는 것은 상품을 완전히 이해했기 때문이 아니라, 가망고객 자신들과 그들이 안고 있는 문제와 그들이 이루고자 하는 바가 무엇인지를 재무설계사가 이해하고 있다고 믿기 때문이다.

잭 킨더 & 게리 킨더(『미래를 파는 사람들의 절대성공법칙』 중에서)

"저는 너무 아는 게 없어서요. 공부를 좀 한 후에 고객을 만나러 가려고 합니다."

영업 활동 시간에 사무실에 앉아 있는 후배를 볼 때가 있다. 상담이 사무실에서 진행되는 것이 아니라면 외부로 나가 활동해야 할 텐데, 사무직처럼 책상을 지키고 있다. 어쩌다 한두 번이야 그럴 수도 있지만 일과 시간에 외부활동을 하지 않는 모습을 계속 보이면 말을 걸어 본다.

"어디 갈 데가 없나요? 만날 사람이 없어서 사무실에 있는 건가요?"

"아뇨, 선배님. 만날 사람은 있는데, 제가 지식이 많이 부족해서요. 충분히 공부한 후 활동하려고 합니다."

신입 중에도 가끔 이런 사람들이 있다. 뭘 도대체 얼마만큼 공부한 후 고객 상담을 시작하려는지 의문이다. 안타까운 사실은 학구적인 성향을 가진 사람은 일이 안 풀리면 공부에 더 시간을 쏟아붓는다는 점이다. 본인 지식이 부족해서 영업 성과가 나오지 않는다고 판단해서다. 이는 재무설계사라는 직업을 오해하고 있기 때문에 발생하는 착각이다.

고객을 만날 시간에 엉뚱하게 공부에 매달리는 사람은 그만둘 확률이 높다. 상담 활동이 줄어드니 성과는 떨어지고, 그 원인을 지식 부족이라고 잘못 판단하니 영업시간을 줄여 다시 공부에 시간을 투자한다. 성과가 떨어질수록 영업 활동 시간이 줄어드는 상황이 된다. 이런 악순환이 반복되면 결국 업계를 떠나고 마는 것이다.

그러고 나서 자신은 고객에게 유용한 정보를 제공하기 위해 최선을 다했는데 사람들이 그 마음을 몰라준다고 서운해한다. 최선을 다했는데 운이 따르지 않았다고 억울해하는 경우도 있다. 떠나는 뒷모습을 보며 뭐라고 위로해야 할지.

세일즈에서 지식은 분명 장점으로 작용한다. 우리 속담에도 '알아야 면장을 하지'라는 말이 있다. 어떤 일이든 잘하려면 관련된 지식이나 실력을 갖추고 있어야 하는 것은 기본이다.

재무설계사도 마찬가지다. 일을 잘하기 위해서는 기초 지식이 필요하고 지속적인 학습이 요구된다. 새로운 정보, 깊이 있는 지식을 습득해야 한다. 공부를 게을리해서는 안 된다. 학습을 멀리하면 장기적인 성공은 어렵다. 그러나 재무설계사라는 직업의 본질이 무엇인지 생각해 봐야 한다. 무엇이 더 중요한지를 고민해야 한다.

국제 공인 재무설계 자격증인 CFP Certified Financial Planner 는 '고객에게 종합금융서비스를 제공할 수 있는 자격을 인증한 재무설계사를 의미'한다는 정의를 내리고 있다. 이에 따르면 재무설계사는 고객에게 금융서비스를 제공하는 사람이다. 풀어 말하자면 고객의 재무적 문제를 함께 고민하고 그에 대비한 해결책을 제시하는 사람인 것이다.

이런 관점에서 본다면 재무설계사에게는 두 가지 능력이 요구된다. 하나는 해결책을 제시할 수 있는 능력이고, 다른 하나는 고객의 재무적 문제를 파악할 수 있는 능력이다.

여기서 우리가 주목해야 하는 것은 두 번째 요소다. 고객의 재정 문제를 알아내려면 우선 소통하는 능력이 있어야 한다. 재무설계사에게 의사소통 기술이 중요한 이유다. 재산, 소득 등 수치로만 고객을 바라보지 않고 고객의 생각을 읽을 수 있어야 한다. 그렇게 할 때 고객의 재정 문제를 함께 고민하고 미래를 계획하는 역할을 제대로 수행할 수 있기 때문이다.

상담을 통해 숫자로 제시하는 해결책은 부수적인 능력이라는 사실을 알아야 한다. 고객이 진정 원하는 것은 우리가 그의 문제를 충분히 이해하고 공감한다는 느낌이다. 대부분 고객이 바라는 것은 인간적인 교감이다.

재무 지식에만 몰두하는 설계사는 하수다. 업에 대한 정의를 잘못 내렸기 때문에 그릇된 생각을 한다. 지식이 가장 중요하다면 세법 정보가 풍부한 세무사나 지식이 뛰어난 금융전문가가 탁월한 재무설계사가 될 것이다. 그런데 현실은 어떤가? 전혀 그렇지 않다. 지식이 영업 활동의 핵심은 아닌 것이다.

보험 산업을 흔히 'People Business'라고 한다. 사람 중심 사업이라는 뜻이다. 재무설계사 업의 본질은 사람에 있다. 지식은 양념일 뿐 사람이 중심이다. 고객과의 소통 능력이 가장 중요하고 인간적인 이해가 우선이다. 고객과의 관계가 먼저인 것이다.

다시 한번 강조하지만 업의 본질을 알아야 한다. 재무설계사는 재무지식 전문가가 아니다. 의사소통 전문가이고, 관계 관리 전문가다.

영업은 부탁하고 구걸하는 것일까?

세일즈맨은 엔지니어, 건축가, 회계사와 다를 바가 없습니다.
정말 좋은 세일즈맨은 문제를 해결하고 고객을 돕고 싶어 합니다.
그들은 자신보다 더 큰 무언가의 일부분이 되고 싶어 합니다.

'마이크로칩 테크놀로지'의 세일즈 담당 부사장

영업을 한다고 하면 고개부터 젓는 사람이 있다.

"어휴, 그 어려운 일을 어떻게 해?"

"매번 부탁하는 거 어렵지 않아?"

"난 도저히 남에게 아쉬운 소리는 못 하겠어."

영업이라는 단어를 대할 때 흔히 보이는 반응들이다. 영업은 일단 남에게 부탁하고 구걸하는 일이라고 생각하는 사람이 많다. 하지만 영업이 그렇게 평가받아야만 할까?

어떤 기업도 만들어 낸 제품이나 서비스를 팔지 못하면 회사를 유지할 수 없다. 기업 업무란 본래 생산하고 판매하는 일이다. 생각해 보라. 팔지 않고 존재할 수 있는 회사는 없다. 눈에 보이는 물건이든 무형의 서비스든 팔아야 회사는 존속한다.

그런 관점에서 보면 어느 회사나 가장 중요한 업무는 영업이고, 최고의 역량을 가진 인재들이 활동해야 하는 영역이 영업이다. 매출이 발생하는 최전선에서 회사를 대신해 고객을 만나고 거래를 완성하는 일이기 때문이다. 보험 영업과 같은 직접적인 세일즈 분야가 아니어도 마찬가지다. 제조업도 큰 틀에서 보면 똑같은 생산-판매 원리를 갖고 있다.

나는 군에서 전역 후 첫 직장에서 영업을 경험했다. 대리점 개설 후 판매부터 채권 회수까지 거래처 관리를 했다. 단순한 직원 개념을 넘어 책임감 있는 행동이 요구되는 역할이었다. 대리점 판매를 늘리기 위해 직접 전단지를 들고 발품도 팔아 보고, 기존 점포를 분할해 확장하는 등 영업 관리자로서의 기쁨도 맛봤다. 판매량이 급격히 증가할 때에는 담보 확보를 통해 부도율을 낮추는 수금 관리에 신경을 쓰는 등 다양하게 영업 활동을 경험했다.

그 후 반도체 장비 영업에서도 비슷한 영업 원리를 경험했다. 처음부터 판매에 집중하기보다는 최종 사용자 End User들의 생산라인 현황에 대해 먼저 이해하려고 노력했다. 생산 환경에서 느끼는 문제점이 무엇인지를 파악해 대안을 제시하려고 노력했다. 그 활동이 쌓여 판매로 자연스럽게 이어졌다.

영업이란 근본적으로 상대방이 가진 문제점을 함께 고민하고 풀어 가는 과정이다. 우리는 고객에게 필요한 제안을 하고 고객은 받아들임으로써 비즈니스가 이루어진다. 적절하게 잘 판매하는 것, 그것이 영업이다. 고객과 도움을 주고받는 것, 그것이 세일즈다.

재무 상담의 경우도 마찬가지다. 보험재정 상담이란 기본적으로 고객의 재무적 상황을 이해하고 발생할 수 있는 위험에 대비하는 일이다. 고객이 예상하지 못한 위험에 대비한 상품을 제안하고 상담을 통해 수정, 보완하며 대비책을 완성해 가는 것이다. 이처럼 보험 영업은 고객과 함께 더 안정된 미래를 준비하는 일이다.

영업은 아무나 할 수 있지만 누구나 성공할 수 있는 분야는 아니다. 용기가 있는 사람만이 시작할 수 있고, 그 열정을 기반으로 꾸준히 발전하면서 고객과 함께 성장해 가는 일이다. 고객을 돕고 우리 역시 고객에게 도움을 받는다. 긴 인생을 동행하는 평생 동반자인 셈이다.

영업은 정말 어려운 일일까?

> 보험업계에서 우리가 존경해 온 모든 성공한 이들은 우리 중 누구도
> 따라 할 수 있고, 배울 수 있고, 실행할 수 있는 습관을 단지 실천하고 있을 뿐이다.
> 우리 역시 비범한 꿈을 꿀 수 있고, 꿈을 실행에 옮길 수 있는 믿음과
> 자기 단련을 한다면, 비범한 결과를 성취할 수 있게 될 것이다.
> 토니 고든(MDRT 40년 회원)

흔히 영업은 쉬운 일이 아니라고 한다. 세일즈는 오래 하기 힘든 일이라고도 말한다.

처음 영업을 시작할 때, 당시 임원이던 분도 내게 비슷한 말씀을 하셨다. 그분은 자동차와 보험이 가장 어렵다고 알려진 영업 분야인데, 젊은 나이에 왜 굳이 험한 일을 하려고 하느냐고 나를 염려해 주셨다. 다시 고민해 보라며 말리기도 하셨다. 지금 와서 생각해 보면 인생 선배로서 힘든 길을 가려는 후배에게 해 준 진심 어린 충고였다. 사람들은 그만큼 영업, 특히 보험 영업을 어려운 일로 여긴다.

하지만 이 세상의 많은 직업 중 편안하기만 한 일이 있을까? 쉽기만 해서 지루할 뿐 아무런 어려움이 없는 직업이 존재할까? 현재 대한민국의 취업준비생들이 선호하는 대기업의 직원이나 공무원은 난관 없이 순탄하기만 할까? 아니다. 사회생활을 일정 기간 이상 해 본 사람이라면 세상에 만만한 일이 없다는 사실을 잘 알 것이다.

편안하기만 한 직업은 세상에 존재하지 않는다. 속사정을 모르는 제3자의 눈에는 쉬워 보이는 일이더라도 종사자는 다양한 어려움을 겪는다. 고요히 흘러가는 강물처럼 무난하게 이어지는 사회생활이란 없다. 정도의 차이만 있을 뿐 나름의 어려움이 존재하고 일을 하면서 고비도 만나게 마련이다. 그런데 영업만 어려운 일이라고 치부할 수 있을까?

운전을 하는 사람이라면 초보 때를 한번 떠올려 보라. 갓 운전면허를 따고 처음 차를 몰기 시작할 때는 사이드 미러를 보는 일조차 쉽지 않다. 가볍게 잡아도 되는 핸들을 꽉 붙잡고 앞만 보고 운전하게 된다. 첫 야간 운전에 소나기를 만나 식은땀을 흘린 경험도 누군가는 해 봤으리라. 그렇게 사람들은 다양한 경험을 쌓으며 초보에서 벗어난다. 매일 운전을 반복하면서 차츰 익숙해지는 것이다.

영업도 마찬가지다. 처음 고객을 만날 때는 누구나 긴장한다. 상품 설명을 하며 실수하기도 하고, 고객이 한 질문에 제대로 답변을 못해 당황하는 순간도 있게 마련이다. 상담 시간 조절을 못해 다음 약속 장소에 늦어 본 경험도 대부분 있다. 그렇게 실수를 하고 개선하며 차츰 발전해 간다. 사람은 어떤 일이든 계속함으로써 조금씩 나아지게 마련이다. 처음 운전을 할 때는 두 손에 힘을 주고 차를 몰지만 익숙해지면 힘을 들이지 않고 운전대를 잡는 것과 같은 이치다.

영업직의 장점은 특별한 기술이 필요한 일이 아니라는 데 있다. 영업은 대단한 재능이나 기술을 요구하지 않는다. 새로운 사람과 관계를 맺고 기존 고객들과 관계를 잘 유지하는 일이 거의 전부다. 사람을 만나 대화하고 그의 마음을 읽고 이해하는 것이 주된 업무다. 상품 세일즈는 그 과정을 반복함으로써 얻을 수 있는 자연스러운 결과일 뿐이다.

그러므로 영업은 누구나 잘할 수 있다. 앞서 얘기한 것처럼 꾸준히 반복한다면 성공할 수 있다. 영업은 사냥꾼과 같은 재주가 아니라 농사꾼과 같은 근면함이 필요한 직업이다.

또 하나의 장점이 영업에는 있다. 고객은 영업을 오래 한 사람을 좋아한다. 이직이 심한 업종인 탓에 장기근속을 할수록 고객은 신뢰감을 갖는다. 그러므로 성실하게 오래 버티는 만큼 성공에 다가

갈 수 있다.

  다시 한번 강조하고 싶다. 영업은 누구나 오래 할 수 있는 일이다. 포기하지 않는다면 당신에게도 기회가 온다.

결론

세일즈에 관한
당신의 생각을 포맷하라

변화하는 세상에서 끊임없이 배우는 자는 새로운 세상에 적응할 수 있지만,
이미 배운 자는 더 이상 존재하지 않는 세상에 적응하는 방법만을 알고 있다.

에릭 호퍼(미국의 사회철학자)

새벽 5시 50분, 수영장 문이 열리면 줄을 서 있던 사람들이 재빠르게 안으로 들어간다. 6시 10분부터 시작하는 강습 시간에 맞춰 사람들은 준비를 한다. 수영 강습이 시작되면 사람들은 강사의 말에 귀를 기울인다. 특히 수영을 처음 배우는 초급반 수강생들은 하나같이 강사에게 집중한다. 멀리 있어 잘 들리지 않는 사람은 누가 시키지도 않았는데 강사에게 가까이 다가간다. 잘 듣기 위해서다. 물에 빠져 허우적거리는 모습을 주변에 보이고 싶은 사람은 아무도 없다. 이것이 강사의 설명을 열심히 듣는 이유다.

신입들에게 세일즈 강의를 하다 보면 집중하지 않는 사람을 간혹 본다. 앞에서는 열심히 강의하는데 딴청을 피우거나 휴대폰을 보는 사람이 있다. 심지어 설계사 시험 교재를 펼쳐 놓고 공부하는 사람도 있다.

세일즈 노하우 강의에 귀를 기울이지 않는 이유는 들을 필요가 없다고 생각하기 때문이다. 보험 영업이 무엇인지, 고객을 만나 세일즈 하는 일이 무엇인지 이미 안다고 착각하기 때문이다. 그런데 정말 잘 알고 있을까?

'세일즈가 별거야? 고객을 만나 친절히 상담하고 많이 판매하면 되지.'라는 생각을 해서일 것이다. 틀린 말은 아니지만 그런 생각으로 세일즈 교육을 무시하는 사람치고 성공하는 사람을 본 적이 없다. 어느 분야든 먼저 해 본 사람의 경험담을 들어 봐야 한다. 그런데 영업과 관련해서는 왜 귀를 닫는지 이해할 수 없다. 자기 생각만 확신하는 사람이 왜 그리 많은지 모르겠다. 누구나 마음만 먹으면 할 수 있는 쉬운 업종이기 때문일까?

사람은 누구나 처음 시작하는 일 앞에서는 배우는 자세로 임한다. 그 자세를 세일즈 분야에서도 적용해야 한다. 세일즈는 겸손한 자세로 배워야 한다. 그것이 시작이다. 선입견을 버리고 백지의 마음에서 출발해야 한다. 안다고 생각하는 내용을 일단 잊어라. 짐작하지 마라. 다른 분야에서 세일즈를 경험한 사람이라면 더욱 그렇다. 자신이 알고 있던 지식과 경험에만 의지해 일을 추진해서는 곤란하다. 새로운 분야의 지식과 기술을 흡수하려는 자세가 필요하다.

일을 시작하는 신입에게 늘 하는 말이 있다. 세일즈를 얕잡아 보지 마라. 아무나 할 수 있지만 성공하는 사람은 극히 일부다. 누구라도 시작할 수 있지만 모두가 인정받는 위치에 오르지는 못한다. 그것이 현실이다.

한국에 처음 외국계 보험회사가 들어왔을 때, 한 회사의 채용 원칙 중 눈에 띄는 조건이 있었다. 다른 보험회사에서 세일즈를 경험한 사람은 뽑지 않는다는 선발 기준이었다. 다른 분야 영업의 경험자도 거의 채용하지 않았다. 영업에 관한 선입견이 있는 사람을 기피하는 것이다.

미국 동부 최대의 자동차 딜러 중 하나인 다르카스 DARCARS 자동차도 세일즈맨을 뽑을 때 경력자를 뽑지 않는다는 정책을 견지했다. 나쁜 습관이나 구태의연한 시각을 갖고 있지 않을까 하는 우려 때문이었다.*

---

* 다니엘 핑크, 김명철 옮김, 『파는 것이 인간이다』, 청림출판, 2016, 121쪽.

다르카스 자동차와 한 외국계 보험회사의 채용 원칙이 주는 메시지는 분명하다. 영업에 관해 기존 선입견을 버리라는 뜻이다.

다시 한번 강조하지만 세일즈의 핵심 원리를 알아보기 전 명심하라. 세일즈에 관한 생각을 포맷하라. 편견이 있었다면 모두 잊어버려라. 학교에 입학해 첫 수업을 들을 때의 태도가 필요하다. 열린 마음으로 세일즈 원리를 배워라. 백지의 마음으로 영업을 시작하라.

계단의 시작과 끝을 다 보려고 하지 마라.
그냥 발을 내디뎌라.

마틴 루터 킹

2부

도전

21일 만에 배우는 세일즈의 모든 것

영업 철학
세 바퀴 자전거 타기

우리가 고객들을 보살피면, 그들도 우리를 보살필 것입니다.
벤 펠드먼(49년 MDRT 회원)

재무설계사의 업무는 크게 세 가지 영역으로 구분할 수 있다. 첫 번째 사람을 만나는 일, 두 번째 금융전문가가 되기 위한 학습, 세 번째 고객 관계 관리다. 다양한 일을 하는 것처럼 보이지만 단순하게 보면 이렇게 세 가지다. 사람을 만나고, 자기 계발하고, 고객과 좋은 관계를 유지하는 일이 전부다.

이를 '세 바퀴 자전거'라고 부를 수 있겠다. 자전거는 세 바퀴가 모두 굴러 균형을 이루어야 잘 굴러간다. 한 가지라도 소홀하면 자전거는 원하는 방향으로 가지 않는다. 세 바퀴 모두 계속 돌아야 목적지로 나아간다.

또 하나 기억할 사실이 있다. 자전거 페달에서 가끔 발을 뗄 수는 있지만, 꾸준히 밟지 않으면 자전거는 멈춘다. 내리막길을 만나면 잠시 발을 떼도 자전거는 앞으로 나간다. 인생에는 그런 행운도 가끔 찾아온다. 하지만 오르막길에서는 열심히 페달을 밟아야 한다. 평지에서도 마찬가지다. 계속 밟지 않으면 자전거는 곧 멈춘다. 영업은 세 바퀴 자전거를 타는 것과 같다.

♡ 사람을 만나라

"사람을 만나라 See the people."

영업인에게 아무리 강조해도 지나치지 않은 말이다. 사람을 만나는 일이 영업 활동의 핵심이다. 물건을 파는 가게 주인이라면 손님이 들어와야 일을 시작할 수 있다. 의사라면 환자를 진료하는 시간이 직업인으로서 주된 일을 하는 시간이다. 마찬가지로 재무설계사 역시 사람을 만나는 시간이 가장 중요하다.

자료 준비를 핑계로, 연구를 이유로 사람 만나는 일에 소홀한 재무설계사가 더러 있다. 물론 고객을 만나기 전에 충분히 준비하는 시간은 필요하다. 하지만 스스로에게 질문해 봐야 한다. 무엇이 더 중요한 일인가?

영업인은 사람 만나는 일을 중단해서는 안 된다. 핑계를 댈 이유는 우리에게 늘 있다. 날씨가 춥거나 더운 날에는 거리로 나가 사람을 만나는 일이 싫다. 비가 오는 날이면 안락한 사무실에 앉아 자료 준비를 하거나 서류 업무를 하고 싶다. 누구나 마찬가지다. 그 밖에도 나가기 싫은 여러 이유는 항상 있다. 이래서 오늘은 안 되고, 저래서 내일은 또 안 되고······.

여러 악조건에도 불구하고 사람을 만나야 한다. 사람 속에 머물러야 한다. 유능하고 괜찮은 사람이 업계를 떠나는 원인은 거의 비슷하다. 사람을 만나지 않았기 때문이다. 누군가에게 상처를 받았거나 사람 만나는 일에 싫증이 났을 수도 있다. 이유가 무엇이든 사람 만나는 일을 멈추면 자전거는 더 나아가지 못한다.

사람을 만나라. 이것이 첫 번째로 해야 할 일이다.

♡ 자신을 가꿔라

"자신을 가꿔라 Design yourself."

금융업에 종사하는 이들에게 좋은 지침이 될 수 있는 말을 워런 버핏이 남겼다. 금융인으로서 버핏이 평생 추구했던 인생 가치를 사람들에게 소개한 적이 있다. 인격, 품격, 지식이다.

　재무설계사는 고객의 돈을 다루기 때문에 어떤 직업보다 윤리의식이 강조된다. 재무 상담을 하고 금융상품 세일즈를 할 때 고객의 이익보다 자신의 이익을 더 추구할 위험이 있기 때문이다. 인격이 중요한 이유다. 금융인에게는 고도의 윤리의식이 요구된다.

　재무설계사는 고객과 상담할 때 품위를 지켜야 한다. 사람들은 천박한 장사꾼보다 매너 좋은 신사와 상담하고 싶어 한다. 품격은 비즈니스맨을 돋보이게 하는 요소다.

　지식도 갖추어야 할 요소다. 금융인의 유능함은 지식과 정보를 해석하는 능력에 있다. 세법과 상품 지식 등도 중요하다. 지식이 쌓여야 지혜가 생기고 고객들에게 유용한 조언을 해 줄 수 있다. 평생 학습 태도를 유지하라.

　종합해 보면 더 나은 인간이 되기 위해 노력하라는 말이다. 우리 모두가 워런 버핏 같은 세계 최고의 투자자는 될 수 없겠지만, 그의 마음처럼 살 수는 있다. 기억하라. 인격, 품격, 지식은 금융 영업인으로서 추구해야 할 직업 가치다.

✓ 고객을 이해하라

"고객을 이해하라 Know your client."

영업인이라면 가슴에 새길 말이다. 금융 영업인은 고객에게는 관심이 없고, 오로지 고객이 가진 돈만 사랑한다는 자조 섞인 농담이 있다. 그나마 고객이 맡긴 돈에라도 관심을 가지면 다행이라는 말도 한다. 가벼운 유머로만 들리지 않는다. 얼마나 많은 영업인들이 이 농담에서 자유로울까? 스스로를 돌아보게 하는 말이다.

재무설계사는 일을 할 때 고객 중심이어야 한다. 업의 본질은 고객 서비스에 있다. 그리고 고객 서비스는 고객을 바로 아는 데서 시작한다. 고객을 매출의 대상으로만 여기지 말고 사람 자체로 존중해야 한다. 상담을 통해 고객을 알아가는 과정이 영업의 본질이다. 사람을 만나고 영업 활동을 시작했다면, 고객을 앎으로써 영업 활동을 완성해 가는 것이다. 고객 만나기가 출발점이라면, 고객 바로 알기가 종착역이다.

영업은 세 바퀴 자전거 타기다. 사람을 만나고, 나를 더 나은 사람으로 만들고, 고객을 따뜻한 시선으로 알아가는 일이다. 재무설계사로 일하고 있다면 세 가지 일을 계속하라. 멈추지 마라. 자전거를 타고 있다면 페달을 계속 밟아야 한다.

Action Plan

1 최근 1주일 동안 하루 평균 몇 사람과 통화했고 몇 명의 고객을 만났는가? 향후 목표는 무엇인가?(앞으로 더 많은 사람을 만나는 것이 영업의 첫 번째 목표가 되어야 한다.)

하루 평균 통화 _____건 / 미팅 _____건

향후 목표는 하루 통화 _____건 / 미팅 _____건

2 자신의 능력을 업그레이드하기 위해서 지금 어떤 노력을 하고 있는가? 향후 1년 계획을 구체적으로 세워 보자.

Action Plan

---

3 최근 힘든 일을 경험한 고객이 있는가? 무엇으로 그를 위로 할 수 있을까?(어려울 때 친구가 기억에 오래 남는 법이다.)

고객 발굴
가망고객 발굴이 시작이다

효과적인 사람은 새로운 활동을 시작하기 전에
반드시 낡은 것을 먼저 정리해 버린다.

피터 드러커(현대 경영학의 창시자)

보험 영업을 시작하며 처음 하는 일 중 하나는 '프로스펙팅 Prospecting 100' 작성이다. 보험회사에 입사하면 담당 관리자로부터 '프로스펙팅 100' 작성을 요구받는 경우가 많다. '프로스펙팅 100'이란 만날 수 있는 잠재고객, 즉 가망고객 100명을 의미한다.

작성한 가망고객 명단은 초창기 영업 계획표가 된다. 리스트에 적은 100명이 향후 영업 대상이다. 명단을 보고 누구를 만날지 떠올리고 영업 방향을 계획하는 시간을 가질 수 있다. 간혹 100명을 다 채우지 못하는 사람도 있는데 괜찮다. 숫자는 중요하지 않다.

스스로 지인을 돌아보고 영업 전략을 수립하는 데 의의가 있다. 가망고객 리스트 작성은 영업의 시작이다.

이때 주의할 점이 있다. 만날 수 있는 사람은 모조리 기록해야 한다. 처음 리스트를 작성할 때는 계약이 예상되는 사람만 적으려는 경향이 있다. 마음속으로 미리 판단하기 때문이다. 이 사람은 계약을 하고, 저 친구는 계약을 안 할 거야 하는 식이다.

미리 예상하지 마라. 가망고객 리스트에는 계약할 사람이 아니라 만날 사람을 담아야 한다. 누가 계약할지는 모른다. 연락해 만날 수 있는 사람이라면 일단 기록해야 한다. 『50년 세일즈 인생 이야기』를 쓴 메이디의 조언을 우리는 기억할 필요가 있다. "가망고객을 샅샅이 찾아내라."

가망고객 명단 작성 시 또 하나 유의할 점은 정성을 다해 쓰라는 것이다. 관리자에게 요청받아 마지못해 건성으로 쓰는 사람도 있다. 예를 들어 휴대폰을 열어 가나다순으로 죽 나열하는 식이다. 실제 현장에서 닥치는 대로 많은 사람을 만나면 되지, 그걸 굳이 미리 꼼꼼하게 작성할 필요가 있느냐는 생각을 하는 것이다. 이는 영업이란 몸으로 부딪혀 하는 일이니 체계적으로 기록하고 정리하는 일은 하찮다는 태도다.

영업이 현장에서 몸으로 하는 일이라는 생각에는 공감한다. 사무실에 앉아 머리로 하는 일은 분명 아니다. 하지만 계획 없이 일을 하는 사람보다 전략적으로 접근하는 사람이 더 효과적이지 않을까? 장기적인 성공을 위해서는 사전 계획과 사후 정리가 꼭 필요하다.

내 경우 영업 초기 가망고객 명단 작성은 인적 네트워크를 기반으로 했다. 그동안 알고 지내던 지인들을 그룹별로 나누고 정보를 기록했다. 여기서 관계성은 지인과의 친밀한 정도를 나타낸다. 예를 들면 다음과 같은 방법이다.

그룹	이름	연락처	회사/기타정보	관계성	비고
대학동기 등	강○○	010-1234-0000	○○전자 과장	A	맞벌이
	김○○	010-2345-0000	○○무역 차장	D	미혼
	최○○	010-3456-0000	○○대학 교수	C	자녀3

※관계성 : 절친=A, 지인=B, 유대감 있음=C, 안면만 있는 정도=D

그룹은 대학 동기 및 선후배, 고교 친구, 전 직장 지인, 교회, 볼링 동호회, 골프 모임, 친척, 고향 친구 등으로 구분할 수 있다. 출신 학교, 직장생활, 취미생활 등을 떠올려 보면 된다. 먼저 그룹별로 가망고객을 분류하고, 관계성은 친밀감을 생각하며 천천히 기록하면 된다. 가망고객 명단 정리에 정해진 방법은 없다. 본인이 알아보기 좋은 방향으로 작성하면 된다.

작성을 마친 후에는 노트 사이즈로 출력을 해서 관리해야 한다. 신입 때는 휴대하고 다닐 것을 추천한다. 리스트를 보고 전화하기 전에 문자를 먼저 보내는 것도 좋은 방법이다. 초창기에는 자신이 영업을 한다는 사실을 미리 알리면 전화를 피하는 지인도 생긴다. 개의치 마라. 만나서 거절당하기보다 시간을 아꼈다고 생각하면 마음 편하다. 어차피 알고 지내던 지인 모두가 내 고객이 되지는 않는다. 거절은 영업인이 늘 겪는 일상이다. 군 생활을 함께했던 동기의 거절 문자는 지금도 기억이 난다.

"인생의 마지막 길을 선택해서 갔는데 미안하다. 찾아오지 마라."

처음 영업을 시작하며 기대했던 지인이었기에 아픔은 컸다. 당시에는 서운했지만 시간이 지나니 아무렇지 않다. 세월이 흐른 후에는 쉽게 이해가 되었다. 기존 보험 영업인에게 큰 상처를 받았거나 다른 이유가 있었을 것이다.

초기 지인 시장에서는 큰 성과를 기대하기보다 훈련 과정이라고 여기는 편이 낫다. 기존에 알고 지냈던 분들은 계약 중에 혹시 실수를 하더라도 양해를 해 주는 경우가 많다. 초보 영업인이라 생각해 서툴러도 이해하고 격려도 해 준다. 우호적인 분위기에서 다양한 상담 활동을 할 수 있다. 사실 이 경험이 소중하다. 전문가로 거듭나기 위해 꼭 필요한 시간이기 때문이다. 하지만 소개 시장은 다르다. 훈련이 아니라 실전이다. 지인들만큼 따뜻한 관계가 아니다. 때로 작은 실수로 진행하던 상담이 깨지기도 한다. 이것이 지인 시장에서 충분한 훈련이 필요한 이유다.

15년이 지나 돌아보니 처음 작성했던 가망고객 명단에서 계약을 한 사람은 30퍼센트도 안 된다. 기대했던 지인 대부분이 고객이 되지는 않았지만 기회를 준 것 같아 감사한 마음이 든다. 그분들이 아니었으면 지금의 나는 없다. 함께 시간을 보내며 대화 기술이 늘었고, 거절을 극복하는 요령이 생겼다. 상처는 있었지만 다시 시도할 용기도 얻었다. 영업인으로서 의미 있는 경험을 쌓은 기간이었다.

가끔 슬럼프에 빠져 찾아오는 후배가 있다. 영업이 힘들다고 말하는 이는 대부분 같은 이유를 꼽는다. 만날 사람이 없다는 것이다. 그럴 때마다 나는 똑같은 처방을 한다. 가망고객 명단 작성하기다. 실제 명단에 올린 사람이 계약을 하고 안 하고는 중요하지 않다. 찾아갈 사람을 찾아보고 리스트를 정리하는 것만으로 의미 있는 시간이 되기 때문이다. 만나야 할 사람이 있다면 활동 의지는 다시 생기게 마련이다. 가망고객 명단 작성은 우리를 다시 시작점으로 보내 준다. 출발선에 선다면 가능성은 늘 열려 있다.

신입이든 10년 차 영업인이든 마찬가지다. 가망고객 명단 작성이 영업의 시작이다.

가망고객을 발굴하는
7가지 방법

1. **휴대폰에 저장된 사람부터 모두 확인하라.**

   최근에 통화했거나 문자를 주고받은 지인들부터 먼저 만나라. 만약 친한 지인이 이미 많은 보험을 가입하고 있다면 소개를 요청해라. 1건의 계약보다 3건의 소개가 더 가치 있다.

2. **지금까지 살아온 길에 답이 있다.**

   출신 학교, 지역 모임 등을 확인하라. 동문회, 향우회, 종친회 등이 초기 영업 활동의 기반이 되는 경우가 많다.

3. **누구를 만나든 소개를 요청하라.**

   소개는 가장 쉽고 빠른 가망고객 발굴 방법이다. 소개 요청을 당신의 업무 습관으로 만든다면 성공은 그만큼 가까워진다.

4. **SNS를 활용하라.**

   SNS는 이미 인터넷에 존재하는 또 다른 세상이다. 새로운 공간에서 다양한 만남에 적응하고 이를 활용하라. 젊은 세대와의 소통을 위해서도 SNS가 필수다.

5. 대학원, 동호회 및 지역단체에 참여하라.

대학원에 진학하거나 취미 활동을 통해 가망고객을 확보하라. 봉사를 위한 지역단체에 가입하는 것도 좋은 방법이다. 어떤 모임이든 순수한 마음으로 참여한다면 당신을 돕고자 하는 귀인은 나타나기 마련이다.

6. 다른 분야의 세미나와 모임에 시간을 투자하라.

보험과 증권 분야 이외의 세미나도 좋은 기회가 된다. 독서모임, 조찬 세미나, 부동산 세미나 등의 아카데미 행사에 참석하라. 당신이 만나고 싶은 가망고객은 대부분 그곳에 있다.

7. 기존 고객들을 잊지 마라.

가장 기본적인 가망고객이 누구이겠는가? 바로 계약자다. 기존 고객을 통해 추가 계약을 시도하라.

Action Plan

1 처음 일을 시작할 때는 100명의 가망고객이, 1년 후부터는 최소 50명은 있어야 한다.(계약자와 가망고객을 합해 최소 100명 이상이어야 한다.) 가망고객 리스트를 작성해 보자.

2 가망고객 리스트를 펼쳐 놓고 활동 계획을 세워 보자. 만나기 편한 고객이 아니라 상담이 필요한 가망고객부터 먼저 선별하자.

Action Plan

3 지금의 가망고객 명단과 석 달 후의 가망고객 명단을 비교해 보자. 만약 한 번도 만나지 못한 사람이 그대로 있다면 지금 바로 전화하든지 아니면 명단에서 지워라. 연락하지 않은 가망고객은 누구인가?(삭제한 가망고객 수만큼 새로운 고객 풀(pool)을 확보하자.)

도전
3일

약속 잡기
약속을 먼저 팔아라

절망하지 마라.
종종 열쇠 꾸러미의 마지막 열쇠가 자물쇠를 연다.
필립 체스터필드(18세기 영국의 정치가)

첫 번째 세일즈 프로세스가 가망고객 발굴Prospecting이라면, 다음 과정은 무엇이겠는가? 가망고객에게 전화 걸기다. 이는 연락을 통해 약속을 잡는 일이다. 세일즈 업계에서는 이를 'Telephone Approach TA, 전화접근'라고 부른다. 세일즈라고 하면 고객을 만나 상담을 하고 계약을 체결하는 장면을 먼저 떠올리겠지만, 고객과의 첫 접촉은 전화에서 시작한다. 가망고객에게 연락해 약속 잡기, 이것이 실제 영업 활동의 첫걸음이다.

✔ 충분한 연습과 준비가 TA 성과를 높여 준다

　TA가 실전 세일즈 프로세스의 첫 과정이다. 전체 세일즈 프로세스에서 TA가 차지하는 중요성을 생각한다면 이를 가볍게 여겨서는 안 된다. 이때 친구와 통화하듯 아무런 준비 없이 전화를 해서는 곤란하다. 충분한 연습과 준비가 필요하다.

　실제 세일즈 현장을 보면 미리 작성한 스크립트와 메모를 펼쳐 놓고 전화하는 영업인이 많다. 중요한 단어나 표현을 눈으로 확인하며 수화기를 든다. TA에 공을 들이는 태도다. 특히 신입이라면 배울 만한 자세다. 고객과 통화를 할 때 즉흥적으로 말하지 않고 처음 의도했던 내용대로 대화를 이끌어 가는 데 효과가 있다.

　TA를 할 때는 목적을 분명히 생각해야 한다. 잠재고객에게 전화를 하는 이유가 무엇인가? 다른 용건이 있는 경우도 있겠지만, 재무설계사의 전화는 대부분 만날 약속을 잡기 위해서다. 상품을 세일즈 하려고 혹은 재무 상담하려고 전화하지는 않는다. 단지 만날 약속을 잡기 위해 전화를 걸 뿐이다. 최근에는 직접적인 전화보다 SNS나 메신저를 통한 소통이 많아지긴 했지만 목적은 다르지 않다.

　세일즈 업계에는 '상품을 판매하기 전 약속부터 팔아라.'는 격언이 있다. 오랜 시간 영업을 해 왔지만 늘 고개를 끄덕이게 하는 명언이다. '약속을 판다.'는 말을 천천히 곱씹어 보라. 내게는 만남을 소중하게 여기고 정성을 쏟는다는 의미로 들린다.

잠재고객의 얼굴을 실제 맞대는 일이 세일즈의 첫 과정이다. 영업이란 결국 사람을 만나 상담하고 계약하는 일이기 때문이다. 그리고 이 사실을 기억해야 한다. 그 모든 일은 전화에서 시작한다.

TA에도 전략이 필요하다

현대인은 누구나 시간에 쫓기며 산다. 바쁘기 때문에 재무설계사를 만나기 위해 시간을 내는 상황이 달갑지 않다. 이미 계약을 한 고객이라고 해도 마찬가지다. 친분이 있는 관계라고 해도 매번 만남이 반갑지는 않다. 기존 계약자라 하더라도 만남에는 이슈가 필요하다.

효과적인 TA를 위해서는 전략이 있어야 한다. 전화를 건 목적은 만남 자체에 있지만 왜 만나려고 하는지에 대한 설명을 할 수 있어야 한다. 사회생활에서 흔히 말하는 미팅 '어젠다Agenda'가 필요하다. 업무상 만남에서는 무엇을 논의하는 미팅인지에 관한 사전 주제가 있다. 재무 상담도 마찬가지다. 처음 만나는 가망고객이든 기존 고객이든 전화를 걸기 전에 무엇을 말할지에 대한 사전 안내가 있어야 한다.

예를 들어 기존 고객에게는 보장 내용 리뷰라든지, 연말정산 관련 정보제공 등의 목적을 가지고 전화를 해야 한다. 처음 통화하는 가망고객이라면 누구로부터 소개받아 전화했는지, 어떤 이유로 만나려고 하는지에 대한 설명을 해야 한다. 막연하게 만나고 싶다는 말보다는 미팅 목적과 명분을 밝히는 편이 낫다.

앞서 했던 얘기를 떠올려 보자. TA는 약속을 파는 일이라고 했다. 그렇다면 만남에 의미와 가치를 부여해야 판매될 확률이 더 높아지지 않을까?

전화를 하기 전 미리 TA 리스트를 준비하라. 생각나는 사람 순으로 즉흥적으로 전화를 하지 마라. 새로 알게 된 미지의 잠재고객, 상담이 진행되고 있는 가망고객, 계약을 한 기존 고객 등을 균형 있게 배분해 TA를 하라.

TA 리스트를 준비하며 하루 몇 통 전화를 하겠다는 목표도 세워 보자. 잠재고객과 통화하며 심한 거절을 당할 때는 의욕이 떨어지기도 하지만 중단해서는 안 된다. 목표가 있다면 억지로라도 전화를 해야 한다. 처음 목표했던 전화 수를 채우기 위해 계속 통화를 시도하다 보면 새 잠재고객과 약속을 잡을 수 있다. 그 순간, 거절을 당해 잠시 나빠졌던 기분은 금방 회복된다. 일희일비하지 마

라. 목표한 만큼 잠재고객에게 전화를 하자.

전화할 때는 중요 사항을 기록으로 남겨야 한다. 고객과 통화하며 남긴 메모는 언제든 유용하게 활용된다. 가령 통화 중 알게 된 사건 사고를 기록해 두면 다음 전화 때 요긴하게 쓰인다. 그 내용은 어색한 분위기를 깨는 화제로 꺼내기 좋다. "지난번 통화 때 둘째 아들이 크게 다쳤다고 하셨는데, 지금은 좀 괜찮아졌나요?"와 같은 말로 시작할 때 대화는 부드럽게 이어진다. 상대방에 대한 사소한 관심 표현은 닫힌 마음을 열게 한다. 따뜻한 말 한마디는 기분을 좋게 한다.

TA는 실전 세일즈 프로세스의 첫 번째 활동이다. 상담을 하고 그 결과 계약을 하고, 필요한 서비스를 하고 관계를 관리하는 일련의 모든 활동이 소중하지만 매일같이 고객과 소통하는 일이 기본이다. 고객에게 전화 걸기가 세일즈 활동의 근간이다. 매일 저녁 잠들기 전 휴대폰을 열어 몇 명의 고객과 통화했는지를 확인해 보자. 상담했던 고객과 계약을 했느냐 못 했느냐는 그 다음에 고민할 문제다.

15년 연속 MDRT를 달성해 온 나는 자신 있게 말할 수 있다. 오늘 하루 목표했던 통화 수를 채웠다면 성공으로 가는 길 위에 있다. 의심하지 마라. 상품을 판매하기 전 약속을 먼저 팔아라. 모든 성공은 한 통의 전화에서 시작한다.

 **Action Plan**

1 TA에서 중요한 것은 고객에게 전화를 걸 시간 확보다. 하루 중 언제 전화할 것인가?(매일 TA 시간을 확보하기 어렵다면 주간 단위 계획을 세워라.)

---

2 고객에게 전화하기 전 미리 '오늘의 TA 리스트'를 작성해 보자.(한 번에 10~20명의 명단을 작성하되, 약속의 3분의 1은 새로운 사람과 잡아야 한다.)

Action Plan

3 통화 내용 중 기억해야 할 중요한 내용은 어디에 기록할 것인가?(고객관리 카드, 구글 캘린더, 에버노트 등 한 곳에 지속적으로 정리하면 향후 정보 확인에 도움이 된다.)

활동
진실의 순간

앞으로 20년 뒤 당신은 한 일보다 하지 않은 일을 후회하게 될 것이다.
그러니 배를 묶은 밧줄을 풀어라. 안전한 부두를 떠나 항해하라. 무역풍을 타라.
탐험하고, 꿈꾸고, 발견하라.

마크 트웨인(미국의 소설가)

'진실의 순간Moments of truth'이라는 마케팅 용어가 있다. 고객이 회사나 제품에 대해 이미지를 결정하게 되는 15초 내외의 짧은 순간을 뜻한다. 최근에는 고객과의 직접적인 접촉 활동을 나타내는 의미로도 사용된다.

골프에서도 이 용어는 등장한다. "샷의 진실은 임팩트 순간에 존재한다." 골프 스윙을 설명할 때 나오는 말이다. 임팩트란 클럽 헤드가 공을 가격하는 순간이다. 프로 골프 선수들을 보면 저마다 조금씩 다른 스윙을 하지만 임팩트 순간은 모두 같다. 정확한 임팩트가 공을 원하는 방향으로 멀리 보내 주기 때문이다. 클럽으로 공을 맞히는 임팩트가 골프에서는 '진실의 순간'이다. 그렇다면 영업인에게는 어떤 활동이 '진실의 순간'일까?

영업은 사람을 만나는 일이다. 고객을 만나기 전 자료를 준비하고, 만난 후 정보를 분석하는 등 다양한 일을 하지만 본질은 고객 상담에 있다. 그 밖의 활동은 보조 수단일 뿐, 영업의 핵심은 사람을 만나는 활동이다. 고객과 함께 보내는 시간만이 '진실의 순간'인 셈이다.

시간을 계획하고 조직화하라

누구에게나 매일 86,400초의 시간이 주어진다. 영업인에게도 마찬가지다. 그 시간을 어떻게 사용하는지에 따라 다른 결과가 나타나고, 그 결과가 쌓여 성과가 결정된다. 단기간에는 실적이 운에 영향을 받을 수 있지만 장기적으로는 어떻게 시간을 보냈느냐에 따라 영업 성과가 결정되는 것이다. 효율적인 시간 관리가 중요한 이유다.

"목표를 이루기 위해서 업무를 세부적으로 계획하고 스스로를 조직화한다. 일을 시작하기 전에 계획하고 조직화하는 데 투자하는 1분은 실제 업무 수행에서 10분을 절약해 준다."

세계적인 동기부여가 브라이언 트레이시가 『TIME POWER(잠들어 있는 시간을 깨워라)』에서 강조한 내용이다. 본격적으로 일을 하는 데에 계획의 중요성을 강조했다.

고객을 만나는 일이 주된 업무인 재무상담사는 어떻게 시간을 조직화할 수 있을까? 먼저 염두에 둬야 할 사실은 '사람을 만나는 일'이 주된 미션이라는 점이다. 대면 영업을 하는 사람들에게 '하루 5명을 만나라'는 불변의 성공 법칙이다. 시간을 계획하는 데 있어서 초점은 '어떻게 많은 사람을 만날 것인가?' 하는 점이다.

물론 하루 5명을 만나기는 만만한 일이 아니다. 실제 영업 현장에서 일해 보면 일정이 계획대로만 이뤄지지 않는다는 것을 자주 경험한다. 현실적으로 3명 혹은 4명 방문도 쉽지는 않다. 미팅 약속을 잡기도 어렵거니와 힘들게 잡은 약속마저 종종 취소되기 때문이다.

효율적인 활동을 위해서는 어떻게 해야 할까? 우선 만날 사람을 사전에 선별해야 한다. 고객을 선택해서 만나야 한다는 말이다. 이를 위해서는 평소 간접적인 만남이 전제되어야 한다. 흔히 '관계 관리'라고 하는데, 문자나 SNS 등을 활용하는 것이다. 유용한 정보가 담긴 DM과 안부를 묻는 손 편지도 좋은 수단이 된다. 지속적인 소통을 통해 상대방에게 일어난 변화를 알 수 있고 관심 사항도 파악할 수 있다.

그 결과 상담이 필요한 고객을 선별할 수 있고 실제 만남에서 대화도 자연스럽게 진행된다. 꾸준한 관계 유지가 활동의 효율성을 높여 주는 것이다. 평소 고객 관계 관리가 연결의 끈을 튼튼하게 이어 주고, 그 결과 영업 활동이 더 효과적이게 된다. 이런 선순환 과정을 반복함으로써 활동을 꾸준하게 이어 갈 수 있다.

다시 한번 강조한다. 영업은 사람을 만나는 일이다. 고객과 함께 있는 시간만이 영업 활동의 모든 것이라고 생각하라. 그 시간을 효과적으로 보내기 위해 준비하고 연구하는 사람이 승리한다.

✔ 상담평가서를 작성하라

고객 만남이 끝난 후에는 상담평가서를 작성하라. 이는 생산적인 일로 보이지 않지만 장기적으로는 발전을 위한 밑거름이 된다. 상담평가서를 10여 차례 작성하고 나면, 성공과 실패 원인을 스스로 파악할 수 있다. 무엇을 개선하고 보완할지 정리해 보자. 정리한 후 부족한 사항을 지속적으로 보완해 간다면 성과는 크게 나아질 것이다.

기억하라. 기존 방식을 바꾸지 않는 한 결과는 향상되지 않는다. 꾸준히 상담을 평가하고 개선하라. 상담평가서 작성이 성공을 위한 작은 습관이다.

상담 평가서

일자:　　　.　　.　　　　시작 시간:　　　　　종료 시간:

고객 성명 _____

1. 사전 준비: 고객을 만나기 전 상담 자료를 검토하는 데 사용한 시간은 얼마인가? _____

2. 상담 유형은 어디에 해당하는가?
   - a. 관계 관리(단순 만남)
   - b. 니즈 환기
   - c. 정보 및 니즈 파악
   - d. 프레젠테이션
   - e. 계약 체결
   - f. 증권 전달
   - g. 소개 요청
   - h. 고객 서비스(보험금 청구 등)
   - i. 기타 (　　　　　　　　　　　　　　)

3. 상담은 무엇에 관한 내용이었는가?
   _____

4. 본격적인 상담에 앞서 고객과 교감하기 위한 대화에 얼마의 시간을 사용했는가? _____

5. 상담 효과를 높이기 위하여 적절한 질문을 사용했는가? _____

6. 준비한 상담 자료는 전달하고자 하는 메시지를 잘 반영했는가?
   _____

7. 고객이 나에게 질문한 내용은 무엇인가?(나와의 상담에 고객이 조금이라도 관심이 있었다면 질문을 했을 것이다. 만약 질문하지 않았다면 고객은 이 상담에 관심이 없다.)
   _____
   _____

8. 고객의 질문에 어떤 대답을 했는가?
   _____
   _____

9. 상담을 마무리하며 대화 내용을 요약했는가? _____

10. 다음 상담을 위한 정보를 얻고 약속을 확정했는가? _____

11. 더 나은 상담이 되기 위해서는 무엇을 보완해야 할까?
    _____
    _____

12. 이 상담은 10점 만점에 몇 점을 주고 싶은가? _____

⚠️ **주의** 상담평가서는 스스로 작성하고 혼자서 검토하라. 누군가에게 보여 준다고 생각하는 순간 거짓 정보를 입력하기 쉽다. 남에게 보여 주기 위해 작성하는 것은 아무 의미가 없다. 자신의 상담을 개선하는 자료로 활용하려면 진실만을 써라.

Action Plan

1. 효율적인 시간 관리를 위해 버려야 하는 습관은 무엇인가? 그 습관을 어떻게 개선할 수 있는가?

2. 현대인의 시간 도둑인 스마트폰(게임, 유튜브, SNS 등) 사용 시간을 어떻게 줄일 수 있는가? 당신만의 원칙을 만들어 보라.

Action **Plan**

_____

_____

3 당일 활동을 즉흥적으로 하지 말고, 사전 계획을 세워서 실행하자.(하루 활동을 마칠 때는 다음날 시간표가 채워져 있어야 한다.)

	월	화	수	목	금
10시					
12시					
14시					
16시					
기타					

지식
당신이라면 가입하겠는가?

당신이 정말로 세일즈 일을 좋아하고 잘하고 싶다면
반드시 상품에 대해 자신감을 가져야 한다.

가이 E. 베이커(47년 MDRT 회원)

재무 상담을 하다 보면 고객은 종종 이런 질문을 한다.

"당신은 어떤 보험을 가입하고 있나요?"

"어떤 상품에 얼마 정도를 투자하고 있나요?"

이때 여러분은 어떻게 대답하는가? 물론 진실을 말하겠지만 가끔 속마음을 숨기고 싶을 때도 있지 않나? 상담에 앞서 자신에게 먼저 던져야 하는 질문은 바로 이것이다.

"나라면 이 상품에 가입하겠는가?"

사람들과 면담하기에 앞서 생각해 봐야 한다. 잠재고객들에게

이 상품을 판매하기 전에 스스로 물어보라. 앞에 앉아 있는 고객에게 이 상품이 맞을까? 나라면 이 상품을 자발적으로 구매하겠는가?

주변을 둘러보면 자신은 구매하지 않으면서 타인에게 권하는 세일즈맨이 있다. 자신은 사지 않으면서 팔려는 사람 말에 진심이 느껴질까? 당장은 고객을 속일 수 있겠지만 오래 이어 가기는 어렵다. 음식점을 떠올려 보면 알 수 있다. 자기가 만든 요리를 식당 주인이 먹지 않는다는 사실을 알면 손님은 발길을 끊는다.

영업인이 자신감을 갖기 위한 첫 번째 요소는 상품에 대한 자신감이다. 가치 있는 상품이라는 확신이 들 때 사람들 앞에서 당당할 수 있다. 내가 먼저 가입하고 싶은 상품이라야 고객들에게 자신 있게 권할 수 있다.

✓ 상품 지식이 자신감을 만든다

다음 질문을 생각해 보자. 지금 취급하고 있는 상품과 서비스에 대해서 얼마나 많이 아는가? 경쟁사의 상품에 관해서는 어떤가? 장단점을 모두 파악하고 막힘없이 설명할 수 있는가?

재무상담사는 상품을 파는 사람이 아니라 나를 파는 사람이라고 한다. 수긍이 가는 말이다. 상품 전문가가 아니라 관계 전문가라고 얘기하기도 한다. 이 말에도 고개가 끄덕여진다. 사실 우리가 판매하는 것은 상품이 아니라 관계인 경우가 많기 때문이다. 그렇다면 상품의 의미는 어디에 둬야 할까?

상품에 대한 지식이 우리를 더 단단하게 하는 요소다. 내적으로 자신감을 가지게 한다. 잘 모르는 일을 과신하는 태도는 허세이고 거짓된 용기이지만, 잘 알기 때문에 당당할 수 있는 태도는 자신감이다. 지식은 스스로를 고무시키는 힘이다.

✓ 고객은 유능함으로 나를 소개하고 싶어 한다

세일즈 결과는 관계가 만들지만 사업의 확장은 지식이 역할을 해 줄 때가 많다. 고객이 나를 주변에 소개할 때는 좋은 사람이면서 동시에 유능한 사람이어야 추천하기가 더 편하기 때문이다. 한번 생각해 보라. 나를 누군가에게 설명할 때 무슨 말을 할 수 있을까? 고객이 만약 당신을 주변에 자랑하고 싶어 한다면 그 이유가 뭘까? 직업적으로 얼마나 성공한 사람인지를 말하고 싶지 않을까?

인격과 품격은 좋은 사람인지를 판단하는 기준이 되지만 유능함은 우리를 빛나게 하는 요소다. 그리고 유능함의 근간에는 지식이 있다. 직업인으로서 갖추어야 할 지식을 가질 때 우리는 더 나은 재무설계사가 될 수 있다. 경험과 함께 지식을 쌓아 갈 때 지혜도 더 깊어진다.

재무설계사로서 우리가 할 일은 명확해졌다. 먼저 직업에 대해 의미를 부여하고, 판매하는 상품의 가치를 확신하는 태도를 가져야 한다. 그리고 지속적인 학습을 통해 얻게 되는 깊은 지식과 풍부한 정보는 전문가로서의 자신감을 키워 준다. 당당함의 원동력은 종종 지식에서 나온다. 다음 한 문장을 기억하자.

지식이 더 나은 재무설계사를 만든다.

 **Action Plan**

1 지금 판매하고 있는 상품 또는 서비스를 열거하고 장단점을 정리해 보자.

2 내가 자신 있는 분야 혹은 개인적으로 선호하는 상품은 무엇인가?(보상, 투자, 세법, 법인 등 어떤 분야의 전문가로 발전하고 싶은가?)

Action Plan

3 특정 분야나 상품을 정했다면 그 방면으로 상담할 횟수 또는 계약 건수를 목표로 정해 보자.(하나의 콘셉트 혹은 상품으로 최소 30회 이상의 상담을 시도해 볼 것을 추천한다. 다양한 상담을 통해 경험이 쌓여야 자신감이 생기고 세일즈 콘셉트를 만들 수 있다.)

열정
마감은 열정이다

직접 해 보기 전에는
아무도 자기 안에 어떤 능력이 도사리고 있는지 알 수 없다.
어니스트 헤밍웨이(미국의 소설가)

영업 조직은 '마감'이란 단어에 예민하게 반응하는 특징이 있다. 이곳에는 일간, 주간, 월간, 분기, 반기, 연 단위로 마감이 있다. 이를 통해 계속해서 성과를 체크한다. 현장에서 일을 해 보면 한 달 마감이 왜 이렇게 빨리 돌아오는지! 마감 후 실적 평가를 한 지 얼마 지나지 않은 것 같은데 어느새 다시 마감을 앞두게 된다. 돌아서면 마감, 돌아서면 마감이라는 말을 영업인들이 종종 하는 이유다.

마감이 때로는 숨 막히게 하는 단어지만 영업 조직은 마감 시스템으로 돌아간다. 만약 결승선 없이 막연히 뛰라고 한다면 얼마나 오래 달릴 수 있을까? 어떤 일에도 기간과 그에 맞는 목표가 필요하다. 마감은 영업인을 전력 질주하게 만드는 기준이다.

세일즈 분야는 성과로 거의 모든 것을 평가하기 때문에 마감은 늘 부담스럽다. 때로는 실적이 좋아 우쭐한 달도 있지만 그렇지 않은 때가 더 많다. 목표는 자신이 할 수 있는 최고 수준에서 설정하는 경우가 많기 때문이다.

마감 제도가 주는 이점도 있다. 실적이 부진한 달은 마감으로 분위기를 끊어 줄 수 있어 정신 건강에 도움이 된다. 자연스럽게 기분 전환을 할 수 있다. 지난달 결과가 뜻대로 되지 않아도 실망하지 않고 이달은 새로운 마음으로 일하면 된다. 흰 종이에 그림을 그리다 여의치 않다면 헌 종이를 버리고 새 종이에 그림을 그리면 되는 것이다. 리셋해서 새롭게 한 달을 시작할 수 있다는 사실은 마음을 가볍게 한다.

매달 새롭게 도전할 수 있다는 사실은 분명 영업이 가진 매력이다. 지난달에 최고의 실적을 했든, 한 건의 계약도 못 했든 새날에는 모두가 다시 원점에서 출발하기 때문이다. 새로운 시간은 누구에게나 어김없이 주어진다.

마감에 대해 첫 번째로 하고 싶은 말은 '평정심을 유지하라'다. 일희일비하지 말고 꿋꿋하게 활동을 해야 한다. 운이 좋아 큰 계약을 할 때도 있고, 아무리 노력해도 일이 뜻대로 풀리지 않는 달도 있다. 자만하지 않되 실망하지도 마라. 장기적으로 보면 영업은 확률이 지배하는 분야다. 활동하는 만큼 결과가 나온다. 영업은 정직한 업무다.

스포츠나 예술, 학업의 경우에는 재능이나 지능이 필요하다. 노력만으로는 한계가 있다. 기본적인 자질을 바탕으로 훈련이 더해질 때 성공할 수 있는 분야다. 하지만 영업은 다르다. 1부에서 설명했듯 영업은 누구나 잘할 수 있다. 꾸준히 사람을 만나고 고객을 알기 위해 노력하고, 자신의 분야에서 전문가가 되기 위한 학습을 멈추지 않는 한 영업 전문가로서 성공할 수 있다. 고객과 신뢰 관계를 구축하고 실력을 키운다면 시간은 내 편이다.

마감에 관한 두 번째 메시지는 '막판 스퍼트를 즐겨라.'다. 평정심을 유지하되 마감에 맞춰 더 노력하는 활동은 자신의 능력을 끌어올리는 계기가 된다. 마감에 맞춰 이루고 싶은 목표가 있을 때 열정을 가지고 도전해야 한다. 열의를 가지고 목표에 몰입할 때 사람은 자신의 잠재력을 발견하기 때문이다.

학창 시절을 떠올려 보자. 시험 기간이 되면 평소 공부를 잘하는 학생이든 그렇지 않은 학생이든 모두가 시험공부를 한다. 공부를 잘하는 학생은 더욱 집중할 테고, 평소에 열심히 하지 않는 학생도 그때만큼은 책을 펼쳐 본다. 모두가 자신의 에너지를 공부에 쓴다. 이때 중요한 점은 시험 기간에 집중해서 본 내용이 문제로 나와서 좋은 성적을 받기도 했다는 사실이다.

영업의 세계도 마찬가지다. 영업을 잘하는 사람은 마감을 앞두고 그동안 진행했던 상담을 돌아보고 성사 확률이 있는 고객에게 다시 연락을 한다. 더 자세한 정보가 필요한 고객과는 다시 상담하고, 결정을 못 하는 고객에게는 계약 체결을 강하게 시도한다. 마감 시한을 상담의 기회로 적극 활용하는 것이다.

2004년 8월, 마감을 앞두고 청약한 건에 '부담보 인수' 조건(특정한 신체 부위에 대하여는 보장을 하지 않는다는 조건)이 붙은 적이 있었다. 조건부 승인에 불만을 품은 고객은 계약을 없던 일로 하겠다고 말했다. 목표를 위해 한 건이 더 필요했던 나는 순순히 물러나지 않았다. 조건부 인수의 이유와 보험의 필요성을 3시간 동안 설명한 끝에 고객을 설득할 수 있었다. 큰 금액은 아니었지만 그 계약이 내게는 절실했다. 뚜렷한 마감 목표가 내 안의 열정을 깨웠던 경험이다. 지금도 생생히 기억나는 계약이다.

마감에는 목표와 열정이 있어야 한다. 목표가 뚜렷해야 열정이 생기고, 그 열정은 다시 영감을 불러낸다. 영감은 우리가 길을 걸을 때나 책을 읽을 때도 계속해서 새로운 아이디어를 제공한다. 열정은 우리의 발을 움직이게 한다. 가슴이 뜨거운 자는 스스로 성과를 만들어 간다. 선명한 목표가 있다면 포기하지 않을 수 있다.

✅ 냉철한 이성도 유지하라

열정을 이야기할 때 동시에 강조하고 싶은 메시지가 있다. 뜨겁게 노력하되 냉철한 이성을 유지하라는 것이다. 매사에 자신의 에너지를 쏟아붓는다고 모든 일이 뜻대로 되지는 않기 때문이다. 때로는 냉정한 판단이 필요할 때가 있다.

다음 상황을 한번 상상해 보자. 여러 번 만나 자세히 상담을 했고 필요한 자료도 다 제공했는데, 계약을 미루는 고객이 있다면 어떻게 할까? 계속 만나야 할까 아니면 그만 포기해야 할까? 영업인이라면 늘 겪는 일상의 문제다. 여러분은 평소 어떻게 하고 있나?

여기에 대한 해답은 전설적인 세일즈맨 프랭크 베트거를 통해 얻을 수 있다. 프랭크는 자신의 실적을 분석한 결과 모든 계약의 70%는 첫 번째 상담에서, 23%는 두 번째 상담에서 이루어졌다고 한다. 나머지 7%의 계약은 세 번 이상의 상담에서 결과가 나왔다.

이어서 활동 시간을 분석한 프랭크는 깜짝 놀란다. 활동 시간의 절반을 세 번 이상의 상담에 쓰고 있었기 때문이다. 즉 50%의 시간을 투자해 7%의 실적을 얻고 있었다. 이 얼마나 비효율적인 시간 관리란 말인가? 프랭크는 즉각 두 번 이상의 상담을 중단했다. 대신 남는 시간에는 새로운 가망고객을 만나는 데 집중했다. 그 결과 실적은 2배 가까이 향상되었다고 한다.*

우리는 열정과 이성을 동시에 가져야 한다. 누구를 만날지에 대해서는 냉철하게 판단하되 상담을 하는 순간에는 열정을 다해야 한다. 뜨거운 마음과 냉철한 이성이 재무설계사에게도 필요하다.

---

* 프랭크 베트거, 최염순 옮김, 『실패에서 성공으로』, 씨앗을 뿌리는 사람, 2009, 263쪽.

Action Plan

1 월간, 주간 단위 목표를 설정했다면 매일 진도 현황을 체크해 보고, 남은 기간 무엇을 더 할 수 있을지 고민해 보자.

---

2 마감 2~3일 전에는 평소 때보다 조금 더 목표에 집중하는 영업 환경을 만들어 보자.(평소보다 1시간 빠르게 출근하기, 5건 더 많이 고객에게 전화하기, 하루 1건 더 약속 잡기 등.) 무엇을 할 수 있는가?

관계
세일즈의 본질

우리가 어떤 대상에 익숙해지면
우리도 모르는 사이에 그 대상을 좋아하게 된다.
로버트 치알디니(『설득의 심리학』 저자)

세일즈란 상품을 파는 것이 아니라 자기 자신을 파는 일이다. 영업 교육을 받아 본 사람이라면 한 번쯤 들어 봤을 말이고, 세일즈 경험이 웬만큼 있는 사람이라면 대부분 공감할 생각이다. 수십 년간 활동한 세계 최고의 세일즈맨들은 누구다 다 사람 중심의 세일즈 철학을 강조한다.

그렇다면 당신은 어떤가? 당신의 영업 활동에는 고객이 정말 중심에 있는가? 판매 실적에만 혈안이 되어 한 건 계약에만 집중하고 있지는 않는가? 재무설계사로서 일을 하는 사람이라면 모두가

다 고객과의 관계 관리를 중시한다고 얘기할 테지만 현실은 그렇지 않다. 통계 수치가 업계의 실상을 잘 드러낸다.

✓ 고객은 재무설계사 때문에 계약을 해지한다

고객이 계약을 해지하는 이유가 무엇일까? 거의 모든 보험 상품은 만기를 채우기 전에 해지하면 고객에게 불리하다. 그럼에도 불구하고 많은 고객이 보험 상품을 중간에 해지한다. 그 이유가 뭘까?

한 통계 결과에 의하면 고객이 계약을 해지하는 이유의 87퍼센트는 담당 재무설계사 때문이라고 한다. 담당자와의 관계에 불만을 느껴 떠난다는 말이다. 10명 중 거의 9명이나 되는 숫자다. 상품이나 회사가 마음에 들지 않아서가 아니라 재무설계사가 만족스럽지 못하기 때문에 떠나는 것이다. 불편한 얘기로 들리지만 진실이다. 이 조사에 따르면 해지 사유에 상품은 영향을 거의 미치지 않는다고 한다.

또 하나 기억해야 할 숫자는 66퍼센트다. 이는 계약을 유지하는 고객 중 담당 설계사를 바꿀지 고민하는 숫자라고 한다. 무려 66퍼센트다. 이 대목에서 당신은 수치를 부정하고 싶을 수도 있다. 이렇게 많은 고객들이 나를 떠날 마음이 있다고? 본인은 예외라고 생각할 수도 있다. 이 통계가 충분한 고객을 대상으로 한 결과가 아니라고 여길 수도 있다. 하지만 이는 미국에서 수백만 명을 대상으로 한 통계 수치의 결과다.

정리해 보면 3명 중 2명이 담당 설계사를 바꿀지 고민하고 있으며, 해지 사유 10건 중 9건은 설계사 때문인 것이다. 다른 원인이 있지 않다. 사람이다. 사람이 문제다.

✅ 상품을 팔지 말고 자신을 팔아라

처음 했던 얘기로 돌아가 보자. 고객이 선택하는 것은 상품이 아니라 사람이다. 이 명제가 사실임을 통계 수치를 통해 확인했다. 재무설계사로서 우리가 할 일은 분명하다. 상품을 판매하려 하지 말고 자신을 팔아야 한다.

'자신을 판다.'는 의미를 좀 더 생각해 보자. 경제학에 '정보의 비대칭성'이라는 용어가 있다. 경제적 이해관계를 가진 당사자 사이에 정보가 한쪽에만 있고 다른 한쪽에는 없는 상황을 말한다. 중고차 매매가 대표적인 예다. 차 주인은 자동차의 사고 경력과 부품 상태를 전부 알지만 구매자는 이에 대해 전혀 모르고 거래를 하게 되는 것이다.

보험이나 증권사의 상품도 비슷하다. 취급하는 사람은 상품의 장단점을 파악하고 있지만 가입자는 잘 모르는 경우가 대부분이다. 고객이 금융상품을 가입할 때 판매자의 설명에 의지할 수밖에 없는 이유다.

이때 고객이 금융상품을 선택하는 결정적 이유는 상품에 대한 이해 때문이 아니라 판매자에 대한 신뢰 때문이다. 고객은 상품을 보지 않고 사람을 보고 판단한다는 사실을 우리는 알아야 한다. 그러니 설계사는 상품을 판매하는 자가 아니라 자신을 파는 사람이다. 고객이 나를 믿어 줄 때 판매는 이뤄진다. 재무설계사 업의 본질은 사람에 있다. 사람이 답이다.

✅ 매우 가까운 사이라면 편지를 써라

재무설계사 중에는 생활 속에서 아주 가깝게 지내는 사람에게 자신의 일을 잘 소개하지 못하는 경우가 있다. 너무 친하다고 여긴 나머지 상대에게 부담을 줄 수 있다고 여기기 때문이다. 이미 담당 설계사가 있거나 보험을 싫어할 수도 있다고 생각하니 말 붙일 시도조차 안 한다.

하지만 입장을 바꿔 생각해 보자. 가깝게 지내는 지인도 재무

상담이 필요할 수 있다. 혹시 아는가? 지금 보험과 연금 가입을 고민하고 있을 수도 있다. 그렇다면 누군가와 상담을 해야 하지 않을까?

그들에게 직접 말하기가 부담스러울 때는 가벼운 문자나 편지를 보내자. 다음과 같은 내용이면 충분하다.

> "안녕하세요. 오늘은 글로 인사를 드립니다. 평소 제가 저의 일에 대해 말씀을 하지 않았지만 사실 그동안 선생님에게도 도움이 될 만한 내용을 소개하고 싶었습니다. 주저하다 이제야 이렇게 연락을 합니다.
>
> 만약 원하지 않으신다면 말씀드리지 않겠습니다(^^). 혹시 상담이 필요하지만 저와 가깝다는 사실 때문에 주저된다면 저희 회사의 유능한 재무설계사를 소개해 드리겠습니다. 귀댁의 사업이 더 번창하고 가족 모두 행복하기를 기원합니다. 늘 건강하세요."

여기서 중요한 사실은 나와 알고 지내는 모든 사람이 내 고객이 되지는 않는다는 것이다. 이러한 영업 현장의 진실을 우리는 잘 알고 있다. 그러니 무엇을 주저하겠는가? 상담을 하고 싶다는 메시지를 보내라. 말을 꺼내기 전에는 내가 고민하지만, 얘기를 하고 나면 판단은 고객의 몫이다. 상담을 하면 좋고 안 하면 또 어떤가? 달라지는 것은 없다.

혼자서 상상하고 고민하지 마라. 용기를 내서 편지를 쓰자. 친한 지인들에게도 상담의 기회를 주자. 어쩌면 주변 친구들은 당신의 조언을 기다리고 있을지 모른다.

Action Plan

1 기존 고객과의 관계 관리를 위해 어떤 서비스를 제공할 것인가?

---

2 누군가에게 소개되는 내 이미지를 한번 상상해 보자. 고객이 나를 어떤 모습으로 설명하기를 원하는가?

Action Plan

3 2번에서 상상한 모습이 되기 위하여 무엇을 준비하고 노력할 것인가?

활동량
고객은 일단 만나야 한다

당신이 할 수 있는 일, 하고 싶은 일, 꿈꾸는 일을 바로 지금 시작하세요.
대담함 속에는 이미 많은 힘과 재능, 마법이 숨겨져 있습니다.

괴테(독일의 세계적인 문학가)

영업의 핵심이 무엇일까? 어떤 단어부터 떠오르는가? 한 문장으로 정의한다면 어떻게 얘기할 수 있을까? 여러 견해가 있지만 다음의 아이디어가 영업 행위의 본질을 정확하게 꿰뚫어 보고 있다고 생각한다. 100여 년 전 얘기지만 지금 시대에도 여전히 유효한 영업 철학이다.

1911년 필라델피아 생명보험에서 세일즈 일을 시작한 프랭크 베트거는 10개월이 지났을 때 희망을 모두 잃었다고 했다. 저조한 실적은 그를 비참하게 만들었고, 단순히 용기를 잃는 데 그치는 정도가 아니라 깊은 절망에 빠지게 했다. 결국 세일즈를 포기하고 다른 직업을 찾기로 마음먹는다. 퇴사를 결심한 후 짐을 빼기 위해 방문한 사무실에서 우연히 탤보트 사장이 하는 말을 듣는다. 다시 세일즈를 하게 만든, 자신의 인생을 '실패에서 성공으로' 바꾼 그 한마디는 다음과 같다.

"영업이라는 일은 결국 한 가지, 오직 한 가지로 귀착됩니다. 그것은 바로 사람들을 만나는 일입니다. 밖에 나가서 하루에 네다섯 명의 사람들에게 자신의 이야기를 정직하게 할 수 있는 평범한 사람이라면, 그 사람은 영업에서 성공할 수밖에 없습니다."*

그렇다. 영업은 사람을 만나는 일이다. 온라인 세상에서 간접적으로 의사소통하는 시대가 되었지만, 영업은 사람을 만나 대화하는 일이다. 상대방의 말을 들어 주고 내 이야기를 정직하게 하는 것, 그것이 바로 영업이다. 프랭크 베트거는 평범한 진리를 깨달았고, 이후 이 말을 평생 실천함으로써 위대한 세일즈맨이 되었다.

해마다 북미에서 열리는 MDRT 연차총회에서 가장 인기 있는 연사인 토니 고든 역시 비슷한 말을 남겼다. 그 역시 8년이란 세월을 그저 그런 영업인으로 보내다 반전을 이뤄 낸 인물이다.

---

* 프랭크 베트거, 최염순 옮김, 『실패에서 성공으로』, 씨앗을 뿌리는 사람, 2009, 28쪽.

"우리 보험 영업에서 절대 진리가 있다면 바로 '하루에 4건의 상담 약속을 하면 개인 파산을 멀리할 수 있다.'라는 말이다. 탄탄하지 못한 기초 위에는 집을 지을 수 없다. 우리에게 기초란 지식도 아니고 계약 체결 능력도 아니다. 현명한 의사소통의 능력도, 성공해야 한다는 이유나 욕심도 아니다. 성공의 근간은 아무리 어렵더라도 끊임없이 약속을 잡겠다는 결단이다. 이러한 부지런한 활동이 바로 성공의 근간이며 이 위에 성공을 쌓을 수 있게 된다."*

하루 4건 상담 약속이 성공의 절대 법칙이다. 부정할 수 없는 원칙이다. 40년 가까운 기간을 TOT 회원(MDRT 회원보다 6배 많은 실적을 거둔 사람)으로 활동했던 토니 고든의 말은 옳다. 영업인이라면 토니의 주장을 받아들이고 실천해야 한다.

여기까지 얘기에 공감했다면 한 가지 질문을 더 생각해 보자. 사실 많은 영업인들의 고민은 바로 이것이다. '어떻게 하루 네다섯 명을 꾸준하게 만날 수 있을까?'

사람을 꾸준히 만나는 일이 성공으로 가는 길임을 마음속으로 받아들였다 하더라도 방법이 문제다. 실행을 위해 무엇을 노력해야 할까? 꾸준한 상담 활동을 위해서는 세 가지를 기억하고 실천

---

* 토니 고든, 박명수 옮김, 『보험왕 토니 고든의 세일즈 노트』, 삶과 꿈, 2005, 27쪽.

해야 한다.

첫째, 활동 시간을 미리 정하고 지켜라.

하루 중 몇 시부터 몇 시까지는 고객과 상담하는 일에 시간을 쓰겠다는 계획을 세워야 한다. 예를 들어 오전 10시부터 오후 6시까지는 활동 시간이라고 정하고 지켜야 한다. 그 시간에는 다른 일을 해서는 안 된다. 자료 연구, 서류 준비 등을 위해서는 별도로 시간을 내야 한다. 활동 시간을 정하기가 어렵다면 만날 사람 수를 목표로 하면 된다.

이란 출신으로 미국에서 유학하던 중 우연히 세일즈 일을 시작한 메이디 파카자데이는 시간 관리의 중요성을 강조한다. 메이디는 오전 9시부터 오후 5시까지는 오직 '주된 판매 활동'에만 집중하며 서류 처리 등 부수적인 업무는 다른 시간을 이용했다. 가망고객과 보내는 시간만이 생산적 활동이라고 믿었기 때문이다. 성공하기 위해서는 누구에게나 주어진 시간을 핵심 활동에만 집중할 수 있어야 한다.

둘째, 하루 일과를 끝내며 내일 일정을 미리 계획하라.

아침에 눈을 떴을 때 그날 약속이 한 건도 없다면 실업자와 다르지 않다. 고객과 만날 약속은 미리 잡아야 한다. 재무설계사 일을 흔히 '스케줄 잡 Schedule Job'이라고 하는데, 활동 시간표를 작성하는 일이 그만큼 중요하다는 의미다. 구체적인 시간 계획은 누가 대신 짤 수 없다. 스스로 자기 시간을 의미 있는 시간으로 채워야 한다.

셋째, 상담 목적이나 방문 이유를 지속적으로 만들어라.

고객과 접촉할 수 있는 프로그램이 우리를 활동하게 한다. 특별한 이유 없이 고객을 방문하려면 약속 잡기가 어렵다. 만날 '거리'가 영업 활동의 추진력이 된다. 무엇이든 좋다. 고객에게 가입한 상품을 리뷰하기 위해서도 좋고, 가벼운 선물을 드리기 위한 방문도 나쁘지 않다. 중요한 것은 계속해서 고객을 방문할 명분과 이유 만들기다.

지속적으로 사람을 만난다면 누구나 성공할 수 있다. 100년 전 프랭크 베트거가 입증했고 살아 있는 토니 고든도 자신의 영업 인생으로 그 사실을 증명했다. 토니 고든이 강조했듯 영업인의 기초는 지식도 상담 능력도 아니다. 실패와 거절에도 불구하고 끊임없이 약속을 잡고 사람을 만나는 일이다. 하루 4건의 상담 약속을 위해 전력투구하라. 꾸준한 활동량이 성공의 근간이다.

✓ 어느 구름에 비가 들었는지 모른다

영업 세계에서 즐겨 쓰는 격언 중에 '어느 구름에 비가 들었는지 모른다.'라는 속담이 있다. 누가 계약할지 모르니 열심히 가망고객을 만나라는 뜻이다.

오래전 일이다. 어느 날 만나기로 한 고객이 급한 사정이 생겼다고 약속을 취소해 버렸다. 다음 약속까지는 시간이 많이 남아 어떻게 할지 고민하다 가까이 있는 고객이 떠올랐다. 청계천에서 사업을 하는 분이었는데 바로 전화를 걸었다.

"사장님, 안녕하세요. 근처에 왔는데 아직 점심 전이면 저랑 식사 같이 하시겠어요?"

"좋습니다. 오세요."

오랜만에 연락했는데 반가운 목소리로 전화를 받았다. 사무실을 방문하니 책상 위에 자동차 브로슈어가 눈에 띄었다.

"사장님, 차 알아보는 중이세요?"

"아, 네. 타던 차가 10년 가까이 돼 고장이 잦네요. 고민하다 지난주에 계약했습니다."

"잘하셨습니다. 오래 타셨으니 안전을 위해서라도 바꾸셔야겠네요. 그런데 사장님, 자금은요?"

"집사람 몰래 들고 있던 적금이 있었어요. 일부는 할부로 하고."

"아, 그러셨어요. 차는 언제 나옵니까?"

"다음 달에요."

"축하드립니다. 그런데 사장님, 그동안 하셨던 적금은 차 구입 후 어디에 다시 가입할 생각이세요?"

"아, 그건 아직 생각 안 해 봤는데요."

"그럼, 다음 달 12월에는 크리스마스도 있는데 저에게 선물 하나만 해 주시죠."

"네? 차는 내가 샀는데, 선물은 내가 받아야지. 무슨 말이세요?"

"차를 구입하셨으니 축하 선물은 제가 당연히 사장님께 드려야지요. 대신 저에게도 선물 하나 주세요. 저에게는 서명이 선물입니다. 그동안 해 오셨던 적금 일부는 다시 은행에 저축하시고, 일부는 사장님 노후 준비를 위한 연금에 투자하세요."

"허허, 타이밍 잘 맞추시네."

"여기에 서명 해 주시면 됩니다."

고객은 그날 연금보험을 계약했다. 만날 약속이 취소되어 급하게 약속을 잡고 찾아간 고객에게서 운 좋게 선물을 받은 셈이다. 불과 1시간 전만 해도 그 고객과 나는 보험 계약을 상상하지도 못했다. 예정에 없는 만남이었지만 자연스럽게 대화를 나누다 좋은 결과가 나왔다. 만약 연락하지 않았다면 그 계약은 없었을 것이다. 몇 달이 지난 후 방문했을 때는 여유 자금은 이미 어디론가 들어가고 말았을 테다.

이처럼 영업 결과는 의도한 방문에서만 나오지 않는다. 부지런히 움직이다 보면 예상치 않은 상담도 하게 되고 좋은 계약도 얻게 된다. 행운이라고 넘길 수도 있지만 운으로만 볼 수는 없다. 일단 만났기 때문이다. 만났으니 무엇이든 결과가 나왔다. 그러니 이 속담을 마음속에 담고 활동하자. 어느 구름에 비가 들었는지 모른다.

Action Plan

1 생일, 결혼기념일 등 고객에게 방문거리가 될 만한 사항을 구체적으로 메모해 보자.

2 위에서 메모한 사항을 바탕으로 연간 고객 방문 프로그램 계획을 세워 보자.

도전 **9**일

관심
호기심이 상담의 출발이다

남의 말을 열심히 들어 주다가 해고당한 사람은 없다.
캘빈 쿨리지(미국 30대 대통령)

고객과의 상담은 일방적인 주장을 하는 시간이 아니라 서로 대화를 주고받는 시간이다.

최근에 만난 고객과 대화했던 상황을 잠시 떠올려 보자. 고객을 만나 인사하고 어떤 말을 주고받았는가? 서로 대화를 했는가 아니면 일방적으로 무언가를 말하려고 했는가? 제3자의 눈으로 두 사람의 대화를 지켜본다고 상상해 보라. 당신과 고객, 어떤 대화를 나누고 있나?

계속 생각해 보자. 고객이 무슨 옷을 입고 있었는지 기억하는

가? 옷의 종류는, 색상은? 헤어스타일은? 고객이 무엇에 관해 주로 이야기하고 있는가? 정말 묻고 싶은 질문은 이것이다. 고객에게 최근 무슨 일이 있었는가?

대부분의 재무상담사는 고객을 만날 때 대화할 주제를 가져간다. 무엇을 화제로 이야기할지 마음을 먹고 간다. 좀 더 노골적으로 말하자면 판매하고 싶은 상품을 염두에 두고 간다. 이를테면 연금 상품을 추천해야지, 최근 나온 건강보험 상품을 소개해야지 하고 말이다. 어떻게 시작해야 좋을지, 무엇에 초점을 두고 이야기를 할지 고민하고 간다.

고객이 무슨 생각을 하고 있는지, 최근 어떤 경험을 했는지는 사실 뒷전이다. 상대방 생각을 듣고 그 마음을 이해하기보다는 내가 무엇을 이야기할지에만 온통 관심이 쏠려 있는 것이다. 당신은 다르다고? 솔직해지자. 그런 경우가 많지 않은가?

모든 상담이 그렇지는 않겠지만 우리는 종종 이런 상황을 경험한다. 목적을 지향하는 자세는 사람이 가진 본능이기도 하고, 매출 목표를 강조하는 영업 환경 때문이기도 하다. 그 주에 해야 할 실적, 한 달 마감까지 달성해야 할 업적 등이 재무상담사를 늘 긴장시킨다. 목표가 있고 수행해야 할 과제가 있으면 신경이 쓰이게 마련이다. 하지만 계약을 한 건 해야만 한다는 마음이 있는 한 고객과 편안한 대화를 나누기는 힘들다. 이것이 현실이다.

관점을 바꿔 보자. 여러분은 누구와 대화할 때 즐거운가? 재무 상담사가 아니라 자연인으로서 어떤 사람이 좋은 말 상대인가? 똑똑한 사람, 많은 것을 알고 있는 사람인가? 많은 정보를 쏟아 내려고 혼자서만 쉼 없이 말하는 사람인가?

우리 모두는 아마 비슷한 답을 할 것이다. 즐거운 대화 파트너란 나에게 관심을 보이고 내 이야기를 잘 들어 주는 사람이다. 좋은 대화 상대방이란 나에게 많은 정보를 주는 사람이 아니다. 단지 내 말을 귀담아 들어 주는 사람이다. 상대의 관심사를 적절히 질문하고 집중해서 들어 주는 사람이 훌륭한 대화 파트너다.

대화를 어떻게 풀어 나갈지에 대해서는 JTBC에서 뉴스를 진행하는 손석희 앵커가 했던 말이 좋은 지침이 된다. 어느 누구와도 자연스럽게 인터뷰하는 그를 보며 사전에 시나리오를 치밀하게 준비하는 것일까 궁금했던 적이 있었다. 그는 모범 답안이 될 만한 말을 했다.

"사실, 저도 인터뷰가 어떻게 흘러갈지 잘 모릅니다. 미리 몇 가지 질문을 준비하고 시작하지만 대화를 나누다 보면 미리 생각하지 않았던 질문을 하게 될 때가 많습니다. 대화는 자연스럽게 흘러

가는 것이지 짜 놓은 각본대로 이야기를 하는 것이 아닙니다. 대화란 상대방의 말을 듣고 거기서 다시 궁금해지는 사항들을 물어보는 것입니다."

대화를 잘하려면 상대방에 대한 궁금증을 가져야 한다. 상대가 무슨 생각을 갖고 있는지 관심과 호기심을 드러내야 한다. 대화 속에서 상대방의 생각을 읽고 거기서 이어지는 궁금증을 다시 물어야 한다.

이제 이런 의문이 들 수도 있다. 상대방 얘기만 들으면 내가 하고 싶은 말은 언제 하지? 걱정할 필요 없다. 내가 상대방에게 호기심을 보이면 상대방도 나에게 관심을 갖게 마련이다. 심리학에서는 이를 '호감의 상호성Reciprocity of Liking'이라고 한다. 내가 먼저 관심을 보이면 상대방도 내게 관심을 보이고, 내가 무관심하면 상대방도 내게 관심을 보이지 않는다.

기억하자. 내가 먼저 고객에게 관심과 흥미를 보여야 고객도 나에게 관심을 갖는다. 사람에 대한 호기심, 그것이 재무 상담의 시작이다.

Action Plan

1 오늘부터 고객과 대화를 나눌 때는 내가 하고 싶은 얘기보다 상대방의 관심사를 먼저 화제로 꺼내자. 처음 이야깃거리로 무엇을 말할 것인가?

2 대화할 때는 상대방 말을 충분히 경청한 후 내 의견을 말하자. 경청하는 습관 형성을 위해 무엇을 할 수 있는가?

Action Plan

3 질문을 통해 고객이 자신의 생각을 더 말할 수 있는 분위기를 조성해 보자. 고객과 상담 약속이 잡혀 있다면 상상해 보자. 고객의 관심사가 무엇일까?

문답법
상담은 답변이 아니라 질문이다

답변이 아닌 질문으로 사람을 판단하라.

볼테르(18세기 프랑스의 사상가)

재무상담사의 역할이 뭘까? 재무상담사란 적절한 답을 고객에게 제시하는 사람일까?

재무 상담 과정을 한번 살펴보자. 재무상담사는 고객을 처음 만나면서 관계를 형성한다. 이는 낯선 사람과 만나 상담을 진행하기 전 관계를 맺는 과정이다. 이론적으로 파이낸셜 플래닝 1단계라고 한다. 재무상담사가 본인의 역할을 설명하고 잠재고객을 이해하는 시간이다. 이를 통해 고객과 재무상담사는 서로를 알게 되고 아는 만큼 상호 신뢰가 생겨난다. 사실 이 과정이 중요하다. 사람은 서로

믿는 사이일 때 상대방 의견을 수용하는 경향이 커지기 때문이다.

마음의 문을 열고 나면 고객은 자신의 재무 정보를 알려 준다. 재무 목표를 확인하고 자료를 얻는 이 과정을 파이낸셜 플래닝 2단계라고 한다. 3단계에서 재무상담사는 고객의 니즈와 재정 상황을 파악한 후 정보를 분석한다. 그 후에는 4단계에서 분석 결과를 바탕으로 고객에게 적절한 솔루션을 제시한다. 이 네 번째 과정을 '파이낸셜 플랜 수립' 단계라고 한다. 그러고 나면 추가 상담을 통해 세부 사항을 논의하고 그 후 구체적인 상품 설명이 이루어진다. 계약 체결은 상담을 통해 세운 계획을 구체적으로 실행하는 과정으로서 파이낸셜 플래닝 5단계다. 그 후에는 정기적인 모니터링을 통해 고객의 재무 상황을 지속적으로 확인하고 조정해 간다. 플랜에 대한 지속적인 점검은 파이낸셜 플래닝의 마지막 단계다.

'파이낸셜 플래닝 6단계'라고 불리는 과정은 대략 이렇게 요약할 수 있다. 여섯 단계의 상담 프로세스에서 가장 중요한 활동이 무엇일까? 최적의 해결책 제시가 핵심일까?

좋은 재무 상담이란 적절한 답변을 제시하는 것이 아니다. 고객이 가진 재무 문제에 대한 솔루션 제시가 상담의 종착지이겠지만 거기까지 가는 길이 더 중요하다. 재무상담사에게 필요한 역할은 길 안내자다. 재무상담사는 고객에게 필요한 것이 무엇인지 알게 하고 대비하게 만드는 사람이다.

대부분의 사람들은 자신에게 발생할 수 있는 재무 문제를 평소에는 생각하지 않는다. 그렇기 때문에 누군가는 이를 예상하게 도와줘야 한다. 이때 백 점짜리 답보다는 적절한 질문이 더 요구된다. 이것이 재무상담사가 필요한 이유다.

과거에는 고객에게 어떤 문제에 대한 답을 잘 제시하는 역할도 중요했다. 하지만 이는 새로운 정보를 잘 요약하고 전달하는 기능일 뿐이다. 지금은 어떤가? 전혀 달라졌다. 이제 우리에게 필요한 모든 정보는 인터넷에 있다. 구글과 네이버를 능가하는 정보 제공자는 세상에 없다. 재무상담사까지 굳이 답을 강조할 이유는 없는 셈이다.

✅ 지금은 적절한 질문이 필요한 시대

과거에는 고객에게 정보가 없었다. 궁금한 내용을 알기 위해서는 책을 읽거나 사람을 만나야 했다. 하지만 지금은 정보가 넘치는 세상이다. 손만 뻗으면 닿는 거리에 늘 두고 있는 스마트폰만 열어도 빠르게 자료를 얻을 수 있다. 정보 제공은 더 이상 사람의 역할이 아니다.

정보가 넘치는 상황에서 재무상담사에게 요구되는 능력도 변했다. 고객에게 발생할 수 있는 문제를 발견하고 이슈화할 수 있는 기술이 필요하다. 고객이 예전에 미처 생각해 보지 않았던 재무 문제를 찾을 수 있어야 하고 위험 가능성을 예측해야 한다. 놓치고 있던 일을 생각하게 만드는 능력, 질문이 중요한 이유다.

질문은 힘이 있다. 예리한 질문을 통해 우리는 발전한다. 전혀 생각해 보지 않았던 질문을 받으면 뇌는 답을 찾기 위해 미지의 세계를 탐험한다. 알고 있던 지식을 떠올리고 새로운 정보를 찾아 논리를 구성한다. 답을 찾는 과정을 통해 우리는 성장한다. 질문은 새로운 세계를 여는 문이다.

고객을 만나면 질문하라. 답을 제시하기 전에 먼저 물어보라. 문제점을 느낄 때 해결책은 가치를 발휘하는 법이다. 상담은 답변이 아니라 질문이다.

질문을 더 잘하는 방법*

---

1 단계 질문을 만들어라.

생각나는 대로 가능한 많은 질문을 만들어라. 어떤 사실이 떠오르면 그냥 말하지 말고 질문으로 바꾸는 연습을 하라.

2 단계 질문을 개선하라.

닫힌 질문(예, 아니오 혹은 단답형 질문)과 열린 질문을 구분하고 각 질문의 장단점을 생각해 보라. 질문의 형태를 닫힌 질문에서 열린 질문으로, 그 반대로도 만들어 보라.

3 단계 질문의 우선순위를 정하라.

가장 중요한 질문 3가지를 골라라.

---

* 다니엘 핑크, 김명철 옮김, 『파는 것이 인간이다』, 청림출판, 2016, 202쪽.

Action Plan

1 고객을 만나기 전 대화에서 사용할 핵심 질문을 만들어 보고 실제 상담에서 활용해 보자. 무엇을 질문할 것인가?

2 대화 중 새로 알게 된 사실이 있다면 이를 바탕으로 추가 질문을 하자. 최근 진행했던 상담을 떠올려 보라. 어떤 질문을 추가하면 좋았을까?

Action **Plan**

3 고객의 생각을 듣기 위해서는 열린 질문을, 판단을 위해서는 닫힌 질문을 사용해야 한다(결정을 요구할 때는 A안 또는 B안으로 묻는 '닫힌 질문'이 더 효과적이다). 판매 프로세스 각 단계에서 전달하고자 하는 메시지를 질문으로 만들어 보자.

초점
문제점 vs 해결책

당신의 사고를 변화시켜라.
그러면 당신이 살고 있는 세상을 변화시킬 수 있을 것이다.
노먼 빈센트 필(미국의 목사, 작가)

재무상담사로서 일을 시작한 지 12개월째 일이다. 매일 4명에서 5명 정도 잠재고객을 만나 상담하는 일상을 반복하던 때였다. 평일 저녁 시간과 주말 시간은 사무실에서 공부를 하며 꾸준히 지식도 쌓아 갔다. 지식과 경험이 축적되며 일에 대한 자신감이 조금씩 생기는 시기였다.

어느 날 고객에게 새로운 사람을 소개받았는데 대학교수였다. 미국에서 갓 돌아와 한국 생활을 다시 시작하는 분이었다. 그들 부부와 함께 대화를 나누는데 처음부터 나를 유심히 쳐다보던 5살

여자 아이가 엄마에게 귓속말로 무언가를 물어봤다. 아이는 조용히 말했지만 말소리는 우리 모두에게 들렸다.

"엄마, 이 아저씨 뭐하는 사람이야?"

아이 엄마는 어떻게 말해야 할지 몰라 잠시 생각을 하는 표정이었다. 그때 내가 대신 대답했다.

"음, 아저씨는 물건을 파는 사람이야."

"무슨 물건을요?"

서류 가방만 들고 온 나를 이리저리 훑어보며 아이는 물었다. 자기 눈에는 특별히 살 만한 물건이 없어 보이는데 무엇을 판매하는지 궁금한 모양이었다. 갸우뚱하는 표정이 귀여웠다.

"아저씨는 눈에 보이지 않는 걸 팔아. 혹시 어려운 상황이 되면 아저씨 회사가 도와주는 서비스를 팔지."

"서비스가 뭐예요?"

더 이상은 안 되겠던지 아이 엄마가 나선다.

"지현아, 저기 가서 동화책 보고 있어. 아빠와 함께 얘기하고 있잖아."

그날 상담은 힘들었다. 대화를 처음 시작할 때 고객은 공대 교수답게 탁자 위에 종이와 연필, 계산기를 꺼내 놓고 있었다. 내가 제안하는 종신보험 상품을 숫자로 이해하려고 했다. 얼마의 보험료를 내고, 그 돈이 어느 정도 이자로 운영되고, 그 결과 받게 되는 보험금 혜택이 적절한 금액인지 판단하려고 했다. 큰 병에 걸릴 확률, 사망할 확률 등에 초점을 맞추며 질문이 이어졌다.

보험료에 비해 보장 금액이 적절한지에 관해 대화가 집중되다 보니 결론이 쉽게 나지 않았다. 오후 7시에 방문했는데 시곗바늘은 9시를 넘기고 있었다. 기존 고객이 먼저 전화를 걸어 와 종신보험을 가입하려는 친구라며 소개해 준 사례라 쉽게 계약이 될 줄 알았는데 예상이 빗나갔다. 집으로 와 달라고 했던 부인은 난감한 표정이었다. 잠자코 듣기만 하던 부인이 입을 열었다.

"여보, 그냥 하세요. 그렇게 다 따지면 어떻게 보험을 들겠어요?"

"아니 그래도 계산해 보고 판단을 해야지."

남편의 말에 부인이 부드럽지만 단호하게 재촉을 한다.

"혹시나 하는 마음에 보험 가입하는 거잖아요.. 조건도 나쁘지 않은 것 같고, 회사도 좋고, 보험료도 적당해 보이는데."

"그렇긴 한데, 좀 꼼꼼하게 따져 봐야지."

"여보, 요즘 바쁘다면서요. 당신도 또 시간 내기 힘들 텐데 그냥 지금 하세요. 이분도 저녁에 여기까지 일부러 와 주셨는데……."

부인을 이기는 남편은 세상에 많이 없다. 이공계 교수답게 열심히 계산해 보던 고객은 마침내 손에서 계산기와 연필을 놓았다. 대신 내가 내민 볼펜을 들고 청약서에 서명을 했다.

15년도 넘은 일이지만 그날 아이의 물음은 생생하게 내 귓가에 남아 있다. 때로 슬럼프에 빠질 때나 매너리즘을 느낄 때 그 질문이 떠오른다. 업의 본질을 다시 생각하게 만든다.

'나는 무엇을 판매하는 사람인가?'

재무상담사는 고객에게 발생할 수 있는 재무 문제를 설명하고 그에 대한 해결책을 제시하는 사람이다. 대화를 통해 혹시 모를 위험을 이해시키고 그에 따라 필요한 대안을 제시한다. 그렇다면 우리가 파는 것은 해결책인가? 아니면 해결책으로 가기 위한 문제인가? 어느 쪽일까?

오랜 세월을 재무상담사로서 활동하며 깨달았다. 고객은 우리가 권하는 보험 상품을 사지 않는다. 상품은 외형적 형태일 뿐 고객은 '마음의 안정'을 구매한다. 미래에 발생할지 모르는 위험을 보험으로 대비하고자 하는 행동이다. 고객은 우리에게 서명함으로써 불안한 마음을 없애고 싶어 한다. 우리는 고객에게 문제를 제기했고 고객은 그 위험을 방어하기 위해 보험 계약을 했을 뿐이다.

그렇다. 우리는 해결책을 팔지 않는다. 문제를 판매한다. 15년 전 그 대학교수와 상담이 힘들었던 이유는 내가 해결책에 집중했기 때문이다. 해결책을 판매하려고 하니 혜택에 대비한 보험료가 적절한지에 관해 대화를 집중할 수밖에 없었다.

상담 활동을 꾸준히 하는데도 불구하고 결과가 뜻대로 되지 않을 때는 잠시 멈추고 고민해 봐야 한다. 스스로에게 질문을 던져 보라.

'내가 판매하는 것이 해결책일까, 문제점일까?'

Action Plan

1. 현재 주로 판매하고 있는 상품은 어떤 문제를 해결하는가?(상담을 할 때는 상품의 장점보다 고객에게 발생할 수 있는 재정적 위험, 경제적 문제에 초점을 맞춰야 한다.)

2. 상담을 감성적으로 할 때도 있지만 숫자로 근거를 제시하는 경우도 있다. 고객에게 발생할 수 있는 재정적인 문제를 어떻게 숫자로 설명할 것인가?

태도
생방송을 준비하라

현재까지 삶은 지금까지 태도의 합이다.
존 맥스웰(베스트셀러 작가)

세일즈 이론 중 '캐시^{KASH}' 전략이라는 말이 있다. 성공을 위한 4가지 키워드인 Knowledge^{지식}, Attitude^{태도}, Skill^{기술}, Habit^{습관}의 앞 글자를 따서 만든 단어다. 이 중 가장 중요한 한 가지를 꼽는다면 무엇일까? 사람에 따라 다를 수 있겠지만, 무슨 일이든 태도가 가장 기초가 되지 않을까?

업계에 입문했을 때 '어떻게 하면 고객에게 좀 더 전문가적인 모습으로 보일까?'라는 고민을 많이 했다. 상품과 약관 공부, 상담 및 설득에 관한 책도 많이 읽었다. 경제 전문 잡지도 구독하고, 많은 정보와 지식을 섭렵하려고 노력했다. 보험, 재정 상담 분야의 다양한 공부를 열심히 하던 중, 어느 날 다른 아이디어가 생겼다. 전문가가 되기 위해서는 학습도 중요하지만, 태도를 바꾸는 일이 더 중요하지 않을까 하는 생각이었다.

저녁 뉴스를 볼 때였다. 아나운서가 생방송으로 뉴스를 진행하는데 초대 손님이 등장했다. 이때 아나운서가 출연자에게 질문을 하고 답변을 하는 모습이 멋있게 보였다. 품위 있는 태도와 정갈한 말투가 편안하게 시청할 수 있는 분위기를 연출했다. 그때 문득 이런 생각이 들었다. '아, 나도 앵커처럼 세련된 모습으로 상담을 하면 되겠구나. 전문가란 바로 저런 모습이겠구나.'

그 후부터는 상담을 할 때 내가 뉴스 진행자라는 생각을 하며 고객을 대했다. 누구를 만나도 편안한 분위기로 대화를 이끌기 위해 노력했다. 적절한 질문을 통해 고객의 생각을 파악하려 했고, 질문에는 전문가답게 대답하는 자세를 보였다. 다음 상담 약속을 잡을 때에는 '주신 정보를 바탕으로 제가 한 번 더 뵙고 싶은데, 괜찮으시죠?'라는 말로 마무리했다. '네'라고 고객이 대답하면 나는 초대를 받아 프레젠테이션을 하는 입장이라고 생각했다.

고객이 초대를 하면 우리의 만남이 저녁 뉴스로 생중계된다는 상상을 했다. 실수 없이 진행할 수 있도록 철저하게 준비했고, 상담하는 내내 전문가의 자세를 유지하려고 했다. 그렇게 수개월을 활동했더니 그런 자세가 어느 정도 익숙해지고 습관이 되었다.

한번 상상해 보라. 공중파 TV나 라디오에 생방송으로 출현한다면 실수하지 않으려고 누구나 노력하지 않을까? 어떻게 대화할지 충분히 준비하고 누가 시키지 않아도 사전 리허설을 하지 않을까? 실제 상담에서는 말 한마디 한마디에 신경을 쓰며 이야기할 수밖에 없을 것이다. 생방송을 진행하는 앵커의 자세로 고객을 대한다면 상담에 더 집중하게 된다.

'1만 시간의 법칙'이라는 이론이 있다. 전문가가 되기 위해서는 1만 시간이 필요하다는 뜻이다. 1만 시간 이상을 연습하고 훈련한 결과가 쌓여야 한 분야에서 달인이 될 수 있다. 그리고 그 바탕에는 기본적인 태도가 자리 잡고 있어야 한다. 전문가는 오랜 시간이 축적되어 만들어지지만 출발은 마음가짐이다. 태도가 전문가를 만든다.

Action Plan

1 전문가처럼 상담하기 위해 무엇을 더 준비할지 떠올려보자. 무엇을 더 보완하면 좋을까?

2 고객과 상담할 때는 그 역할을 수행하는 영화배우가 된다고 상상해 보자. 어떤 모습과 목소리로 그 역할을 연기할 것인가?

보장 철학
고객에게 충분한 보험인지 확인하라

세일즈 기술이란 결국 커뮤니케이션의 기술이다. 사려 깊은 과정으로서 세일즈를 진행하라. 그러려면 무엇보다 중요한 것이 '고객을 잘 아는 것'이다.

가이 E. 베이커 (『와이 피플 바이』 중에서)

"고객은 정말 자신의 기대대로 충분한 보험을 가입하고 있을까?"

재무 상담을 하다 보면 고객은 종종 이런 말을 한다. "저에게 보험은 더 필요 없어요. 이미 충분히 준비되어 있습니다." 영원하거나 완벽한 것은 세상에 없다. 보험도 마찬가지다. 재정 상황이나 고객 니즈 변화에 따라 보험도 변화가 필요하다. 상황이 바뀜에 따라 더 이상 필요 없는 보험도 있고, 부족한 보장을 채울 새로운 상품 가입도 고려해야 한다. 일정 기간이 지나면 자신이 가입하고 있는 보험을 다시 체크할 필요가 있다는 뜻이다.

하지만 일부 고객은 그런 사실을 잘 받아들이지 않는다. 자신은 이미 충분히 준비가 되어 있다고 추가 검토를 거부한다. 마음의 장벽을 치고 있는 경우다. 그런데 정말 충분히 가입하고 있는 것일까?

암 보험을 예로 들어 살펴보자. 일반적으로 종신보험이나 건강보험에 특약으로 설계되는 암 보험은 진단 시 통상 2천~3천만 원 정도의 자금을 받는다. 입원, 수술을 하는 경우 치료비 명목으로 보험금도 나오고, 방사선·항암 치료 등에도 보험 혜택을 받는다. 이 경우 입원비는 많으면 수십만 원, 수술비는 수백만 원 정도다. 암으로 진단받고 치료를 받을 때 이 정도의 혜택이면 충분할까?

현재 암 환자의 경우는 건강보험공단에 중증환자(산정특례제도)로 등록이 된다. 등록 후에는 급여 치료비의 5%만 부담한다. 고가의 중증 치료비를 국가가 보조해 준다는 취지다. 이 의료 혜택은 5년간 유효하기 때문에 병원비에 대한 부담은 실제 그다지 크지 않다. 입원을 통해서 검사를 하고 이후 수술을 받은 후 퇴원할 때까지 들어가는 치료비는 대부분 암 보험이 보장하는 내용으로 감당이 된다. 다만 이후 생활이 문제다.

수술이 성공적으로 끝난다 하더라도 방사선이나 약물 치료가 이어진다. 모든 환자들이 정신적으로나 육체적으로 많이 힘들어하는 시기다. 수술 후 일상생활도 많이 버거워진다. 직장을 다니는 사람이든 자영업자든 예전과 비슷한 수준의 업무를 수행하기는 어렵다. 일을 줄이는 경우도 있고, 휴직을 하거나 휴업하는 사람도 생긴다. 어떤 형태로든 경제 활동에 문제가 발생한다.

경제 활동의 변화는 생활비에 대한 부담으로 연결된다. 한동안은 저축한 돈으로 살아갈 수 있지만 지속되면 대부분의 가정은 어려운 상황이 된다. 경제력의 여유 정도가 치료의 시간을 결정할 수도 있다.

결국 암 보험 가입을 통해 고객이 해결할 재정적 문제는 치료비가 전부가 아니다. 그로 인한 생활의 변화까지 고려해야 한다. 여유가 전혀 없다면 암 수술을 받은 후 바로 일상으로 복귀할 수밖에 없다. 수술을 했다고 완쾌한 것이 아닐 텐데 말이다. 암 보험은 단순한 치료비 명목이 아니라 생활 자금에 대한 보상 개념으로 접근해야 한다.

한 달 생활비를 300만 원으로 잡는다면 6개월이면 1,800만 원, 1년이면 3,600만 원이 된다. 더 많은 생활비가 필요하다면 수천만 원에서 1억이 넘는 돈이다. 암 발병 시 치료비 이외에 고려해야 하는 자금이 꽤 된다는 뜻이다.

고려할 부분이 여기까지가 끝이라면 차라리 다행이다. 일상으로 복귀하여 아무 일 없이 예전처럼 삶에 전념할 수 있다면 좀 낫다. 현실은 종종 우리의 바람을 외면한다. 암 재발이라는 복병이 있다. 사실 암이 무서운 질병인 이유는 재발과 전이 때문이다. 상상하기 싫은 일이지만 무시할 수 없는 것이 재발 확률이다. 보통은 암 치료가 끝난 후 꽤 오랜 시간 검사를 계속한다. 재발 여부를 지속적으로 체크하는 것이다.

어떤가? 암 보험을 설계할 때 수술비와 치료비만 있다면 충분하다는 생각이 드는가? 그것으로 편안하게 치료를 받을 수 있을까? 혹시 재발한다면 대비책은 있는가?

보험금 청구를 도와드리면 고객이 꼭 물어보는 것이 있다. 암 수술과 치료 후 어느 정도 회복이 된 후에는 다음 질문을 한다. 단 한 분도 예외가 없었다.

"저는 이제 보험을 더 가입할 수 없는 거죠? 가능하다면 추가로 가입하고 싶은데요."

보험은 위험에 빠져 본 사람이 필요성을 느낀다. 건강할 때는 생각하지 않지만, 한 번이라도 아파 보면 보험을 찾는다. 물론 보험회사는 질병이 있는 경우 가입을 제한한다. 질병을 경험해 본 사람일수록 보험 가입을 원하고 보험회사는 인수를 꺼린다. 보험의 역설이다.

상담을 해 보면 고객이 자신의 재정 상황을 잘 모르는 경우가 많다. 가입한 보험 내용도 모르는 경우가 허다하다. 그러니 '나는 보험이 충분히 가입되어 있다.'는 말은 반만 받아들여야 한다. 대신 상담을 통해 기존 가입된 보험으로 고객의 기대를 충족할 수 있는지 확인해 보자. 그것이 재무설계사의 역할이다.

 **Action Plan**

1. 기존 고객의 일반 사망 보험금이 얼마나 되는지 확인해 보자. 그 금액이 부족해 보이는 고객은 누구인가?(불의의 사고 시 사망 보험금이 유족에게 충분한 보상이 될 수 있는지 고객에게 직접 질문해 보자.)

2. 암, 혈관 질환 등 질병 진단에 따른 보험금을 확인해 보고, 추가 보장이 필요해 보이는 고객 명단을 작성해 보자. 상담이 필요한 고객은 누구인가?

Action Plan

3 연금보험 가입 고객의 경우 은퇴 시점에 예상되는 연금액을 현재 가치로 계산해 보고, 희망하는 은퇴 자금을 위해 추가로 필요한 저축액을 계산해 보자.(고객 니즈를 충족하는 은퇴 플랜도 제안해 보자.)

고객관리
가망고객 확보하기

보다 풍요로운 삶에 이르는 세 가지 열쇠가 있다.
남들에게 신경 써 주기, 타인을 위한 용기 내기, 남들과 나누기가 바로 그것이다.
윌리엄 아서 워드(미국의 작가)

영업의 세계에도 부익부 빈익빈이 존재한다. 처음 시작할 때는 비슷한 여건이지만 시간이 지나면서 영업인들은 처지가 달라진다.

매일 혹은 매주 새로운 잠재고객을 발굴하는 영업인은 차츰 가망고객 풀pool이 커진다. 기존 고객으로부터 소개를 받아 계약을 하고, 다시 가망고객을 소개받아 확장해 간다. 고객이 많아질수록 더 많은 소개를 받는다. 소개받기와 계약이라는 선순환을 통해 고객층은 무한히 넓어진다.

반면 새로운 잠재고객을 확보하지 못하는 영업인은 항상 제자리다. 고객층을 확장하지 못했으니 활동 폭도 제한적이다. 기존 고객을 통해 추가 계약을 유치하는 데에는 한계가 있다. 아무리 경력이 쌓여도 만날 사람이 많지 않다. 늘 고전을 면치 못하는 까닭이다.

보험 영업 초기에는 대부분 지인부터 만난다. 우호적인 분위기에서 상담을 해 좋은 결과를 얻기도 하고 때로는 좌절하기도 한다. 기대했던 친구에게서 심한 거절을 당하면 일시적인 슬럼프가 오기도 한다. 영업인이라면 누구나 겪는 일이다. 순풍에 돛 단 듯 흘러가는 사업이 어디 있겠는가. 세일즈도 마찬가지다.

초기 활동은 트레이닝의 시기라고 여기면 마음이 편하다. 처음에는 지인에게서 종종 상처를 받기도 하지만 적응하는 단계라고 생각하고 꾸준히 영업 활동을 해야 한다. 그 속에서 상담 노하우가 생기고, 영업 철학이 만들어진다. 최선을 다하는 순간이 쌓여 전문가로 거듭나는 법이다.

만날 사람이 없다면 주변을 먼저 둘러보라. 장기 근속한 영업인이라면 기존 고객도 많을 것이다. 또한 그동안 관계를 맺고 살아온 이웃과 지인들이 있고, 소속 회사가 제공하는 이관 고객도 있을 수 있다.

여기서 이관 고객이란 본래 계약을 했던 재무설계사가 그만둔 후 담당자가 바뀐 경우를 말한다. 보통 이관 고객은 그 계약에 불만이 있는 경우가 많다. 계약한 직원이 그만두었기 때문이기도 하고, 바뀐 담당자가 잘 찾아가지 않으니 감정이 좋을 리 없다. 그러므로 이관 고객을 담당하게 되면 일단 한 번 찾아가야 한다. 막상 얼굴을 보고 대화를 나누면 불편한 감정이 해소되는 경우가 많다.

한번은 이런 일이 있었다. 이관받은 고객이 자동차로 2시간 거리에 있는 분이었다. 엽서를 보내 담당자가 변경되었음을 안내한 후 전화를 했다.

"이우철(가명) 고객님 되십니까?"

"네, 그런데요."

"저는 ING생명의 박성만입니다. 이번에 새로 고객님 담당이 되어 이렇게 전화를 드렸는데요."

"왜 전화했어요?"

수화기 너머의 음성에 강한 적대감이 느껴졌다.

"새로 담당이 되어 인사를 한번 드리고 싶습니다. 유지하고 있는 보험 안내도 드릴 겸……."

"아, 됐어요."

"제가 마침 그쪽으로 갈 일이 생겨서, 모레 오후에 한 번 들르려고……."

"됐다니까요. 제가 보험 가입하고 10년 동안 세 번이나 담당자가 바뀌었습니다. 입장을 바꿔서 한번 생각해 보세요. 그 회사를 제가 신뢰하겠어요?"

"그래도 한 번은 뵀으면 하는데요."

"안 오셔도 됩니다. 필요한 것이 있으면 제가 연락을 드릴게요."

이관 고객이 첫 통화에서 우호적인 경우는 거의 없지만 유독 심하게 만남을 거절하는 분이었다. 그냥 포기하고 가지 말까 고민하다 마음을 바꿨다. 그 근처로 갈 일도 있었고 묘한 오기가 발동했기 때문이다.

이틀 후 그분을 찾아갔다. 지방에서 치과를 운영하는 분이었는데, 나를 보는 순간 당황하는 표정이었다. 본인이 생각하기에도 전화로 심했다 싶었는지 어색하게 인사를 했다.

"이렇게 먼 곳까지 오지 않으셔도 되는데……"

"근처 올 일이 있어서 들렀습니다. 통화했던 박성만입니다."

"이왕 오셨으니 차 한잔하고 가세요."

사람이 상식적이지 않은 행동을 할 때는 보통 그만한 이유가 있다. 그 고객의 경우 그랬다. 그분은 선배의 소개로 처음 보험 계약을 했는데, 몇 년이 지나지 않아 담당자가 퇴사하고 새 담당자가 찾아왔다고 한다. 그는 몇 번 찾아오더니 새 상품을 권했고 고객은 추가 계약을 했는데, 얼마 가지 않아 그 담당자가 또 그만둔 것이었다. 세 번째로 바뀐 담당자와는 추가 계약을 하지 않았는데 그가 종종 찾아오기에 미안한 마음이 들어 후배를 소개해 줬다고 한다. 그런데 그 설계사 역시 오래가지 못하고 퇴사하고 말았다. 그러니 보험회사 영업인에게 적대적이 되었다고 한다. 듣고 보니 심정이 이해가 되었다.

첫 만남에서는 내가 준비한 화제를 꺼내지 않았다. 그냥 듣기만 했다. 가입 상품이 많아 계약 리뷰를 위해 자료를 챙겨 갔지만, 가방에서 꺼내지 않았다. 고객 보고서를 펼치는 것이 그 순간 무슨 의미가 있겠냐는 생각이 들었기 때문이다. 대신 고객의 마음을 이해하려고 했다. 보험을 주제로 시작한 대화는 사업, 가족 얘기로 확장되었다. 한참을 이런저런 말을 하고 나니 속마음이 풀렸는지 웃으며 얘기를 했다. 지난번에 전화도 무례하게 받았는데, 다음에는 식사 한번 사겠다는 말도 건넸다.

이후의 얘기는 당신이 예상하는 대로다. 우리는 가끔 만나 식사도 하고 친분을 쌓았다. 우호적인 관계가 형성되며 자연스럽게 재무 상담도 하고 시간이 흘러서는 배우자와 자녀의 보험 계약도 추가했다. 나중에는 후배들도 적극적으로 소개해 주는 협력자가 되었다.

이관 고객이든 내가 본래 모집한 고객이든 그분들이 우리 사업의 근간이다. 기존 고객을 잊어서는 안 된다. 한번 인연을 맺은 사람은 영원한 가망고객이다. 시간이 흐르면 본인 계약을 추가하고 주변 사람을 소개해 준다. 이를 바탕으로 우리는 영업을 계속해 간다.

잊지 마라. 현재의 고객이 미래의 가망고객이다.

 **Action Plan**

1 기존 계약자 중에서 1년 이상 연락하지 못한 고객이 있는가?

---

2 오랫동안 연락하지 못한 고객이 있다면 어떻게 다시 연락하고 관계를 유지할 것인가?

Action Plan

---

3 이관 고객에게는 어떤 서비스를 할 수 있을까?

목표
목표가 있어야 목표를 이룬다

꿈은 실현되지 않는다. 목표가 실현되는 것이다.
계획이 빠진 목표는 꿈일 뿐이다.
말콤 글래드웰(21세기 가장 영향력 있는 저널리스트)

목표라는 말은 이중적이다. 무언가를 바라고 도전하는 측면에서 밝은 기운을 느낄 수 있다. 꿈, 희망, 비전, 목표 등과 같은 단어는 사람을 고무시킨다. 말이 가진 힘이다. 사람은 도전할 때 자기 내면의 잠재력을 끌어낸다. 이는 바람직한 현상이다. 목표가 우리에게 필요한 이유다.

반대 감정도 있다. 목표라는 글자를 대하면 몸이 긴장한다. 뭔가 달성해야 하는 높은 기준이 있다는 사실에 신경이 쓰인다. 목표를 설정하는 순간 뇌가 바빠지기 시작하고, 동시에 마음속에는 실패에 대한 두려움도 생긴다. 혹시 목표를 달성하지 못하면 어쩌지 하는 걱정은 마음을 불편하게 만든다. 목표라는 단어가 마냥 좋을 수만은 없는 이유다.

이처럼 목표라는 말은 긍정과 부정의 에너지를 동시에 가지고 있다. 좋게 작용할 수도 있고 나쁜 영향을 미칠 수도 있다는 뜻이다. 이런 '목표'를 우리는 꼭 가져야 할까?

과거를 돌아보자. 지금까지 살아오며 많은 목표를 세우고 실행하는 경험을 해 봤을 것이다. 그중 일부는 목표를 이뤘고 일부는 실패했을 것이다. 그때의 경험을 떠올려 보자. 성공과 실패의 원인을 분석해 보라는 말이 아니다. 대신 그 목표를 어떻게 세웠는지 기억해 보자. 자신이 직접 세운 목표였는가, 아니면 외부에서 주어진 목표였는가? 그것이 중요하냐고? 그렇다. 목표를 누가 세웠는지가 중요하다.

사람은 누구나 자신의 자유의지로 인생을 살아간다. 이 말에 동의하겠지만 따지고 보면 우리는 꼭 그렇게 살아오지는 않았다. 우리는 부모의 간섭을 받는다. 물론 갓난아이로 태어나 성인이 되기까지 부모의 도움이 필요하지만 그 도움이 간섭의 형태로 평생 가는 경우도 있다. 학교에서는 선생님이 제시하는 지침이 있다. 이 과정에서 인간은 성인이 되기까지 주어지는 목표를 당연한 것으로 받아들이는 훈련을 반복하고 있는지도 모른다.

목표를 스스로 설정한 것이 아니기 때문에 실패에 대한 고통은 더 커질 수 있다. 진심으로 원한 일도 아닌데 책임은 본인 몫으로 남기 때문이다. 억울한 감정이 생길 수도 있다. 그 결과 실패에 대한 책임을 남 탓으로 돌리기도 한다. 이는 바람직하지 않다. 실패 후 책임을 회피하는 것은 비겁한 태도다. 최선을 다할 목표가 아니라면 애초 갖지 않아야 옳았다. 진심으로 매진할 목표가 아니었다면 시작하지 말아야 했다.

당신에게 꿈이 있다면 목표를 세워야 한다. 그리고 그 목표는 마음속에서 진정으로 원하는 것이어야 한다. 이것이 중요하다. 본인이 바라는 것이 무엇인지 스스로에게 먼저 물어보라. 새벽에 눈을 떴을 때 즐거울 수 있는 자기만의 목표를 찾아라. 몸이 피곤해도 정신이 맑아지는 그런 목표를 설정하라. 남들을 따라할 필요는 없다. 참고만 해라. 외부에서 제시하는 목표를 당연하게 받아들이지 마라. 스스로 목표를 설정하고 도전할 때 잠재력도 발휘된다.

✓ 목표 관리를 위한 '10점 시스템'

목표 관리를 위해서는 업무를 점수로 기록하는 것도 좋은 방법이다. 하루 한 건 계약, 하루 4명 방문과 같이 한 가지 목표를 설정할 수도 있지만 다양한 활동을 점수로 환산해 관리할 수도 있다. 예를 들면 고객 상담은 2점, 계약 체결은 4점이다. 하루 활동의 결과를 합해 숫자로 표시하는 방식이다.

바쁜 일과를 보내고 있지만 생산성이 개선되지 않는다면 '하루 10점 시스템'을 사용해 보자. 한 가지 목표를 가졌을 때보다는 다양한 활동을 할 수 있는 마음의 여유가 생긴다. 한 건의 계약이 목표라면 모든 활동이 계약 체결에 집중될 수밖에 없지만, 점수로 관리하면 여러 가지 업무를 충실하게 할 수 있다. 보장 내용 리뷰, 고객 보험금 청구 등 중요한 활동에도 의미를 부여할 수 있기 때문이다(사실 이러한 활동은 당장 수입으로 연결되지 않아 약속 잡을 때 우선순위에서 밀리는 경우가 있다).

하루 10점 시스템은 아래와 같이 규정할 수 있다.

하루 10점
시스템

하루 10점 시스템은 영업 활동을 스스로 관리하기 위한 수단이다. 10점을 채우기 위해 노력하자. 5점 이하로 떨어져서는 곤란하다. 매일 10점 이상을 꾸준히 달성할 수 있다면 영업성과는 지속적으로 향상될 것이다.

1점   **약속 잡기:** 전화나 문자를 통해 고객과 미팅 약속 잡기

1점   **상담 자료 준비:** 약속을 잡은 고객과 미팅할 자료 준비

1점   **편지 쓰기:** 고객 또는 잠재고객에게 자필로 쓴 엽서 보내기

1점   **관계 관리:** 특별한 이슈가 없어도 관계를 형성하기 위해 만나는 경우

1점   **소개받기:** 1명을 소개받으면 1점, 2명을 소개받으면 2점으로 기록

1점   **고객 서비스 방문:** 가입한 보험 내용 리뷰, 투자 상품 등에 관한 리포트 등

1점   **보험증서 전달**

1점   **30분 이상 운동**

1점	1시간 이상 독서
2점	업무 능력을 향상시키기 위해 2시간 이상 공부: 상품 연구, 전문 자격증 준비, 세법 공부 등
2점	새로운 가망고객 방문
2점	고객 상담: 니즈 환기, 재무 상담, 프레젠테이션, 상품 소개 등 실질적인 상담
2점	고객 정보 파악: 프레젠테이션을 위한 정보 확보
2점	보험금 청구
2점	지역단체, 동호회 등의 모임 참석
2점	2시간 이하의 교육 참석
4점	계약 체결
4점	4시간 이하의 교육 참석
4점	가망고객을 대상으로 한 세미나 진행
8점	5시간 이상의 교육 참석

cf. 상위 10%에 해당하는 고객을 대상으로 활동한 경우에는 위 점수에 2배를 곱해 기록한다.

목표는 스스로 만들어야 한다. 자신이 세운 목표가 마음을 집중하게 하고 이전에 경험해 보지 못했던 놀라운 잠재력을 끌어낸다. 큰 꿈이 영혼을 감동시키고, 보다 높은 목표가 우리를 도전하게 만든다. 자신이 세운 목표에 흥분하는 삶은 멋지지 아니한가? 설레는 마음으로 아침에 눈을 뜨는 인생은 행복하다. 목표를 이루고 싶다면 먼저 목표가 있어야 한다는 것을 잊지 말자.

Action Plan

1 인생의 궁극적인 꿈이 무엇인지 생각해 보고 직접 글로 써 보자.

2 그 꿈을 이루기 위해 달성해야 할 단계적 목표를 수립해 보자.

Action Plan

3 올해의 가장 큰 목표가 무엇이었는지 떠올려 보고 그것을 다시 매월, 매주, 매일의 목표로 세분화해 보자.

도전 16일

몰입
성공의 조건이자 행복의 조건

> 대부분의 사람들은 산책이나 독서, 회사 일이나 전화 통화 등 항상 무언가를 하고 있다. 나와 다른 사람들의 유일한 차이는 그들은 많은 일을 하고, 나는 한 가지만 한다는 것이다.
>
> 토마스 에디슨(미국의 천재 발명가)

헝가리 출신 미하이 칙센트미하이 Mihaly Csikszentmihalyi 교수는 '플로우 flow' 이론으로 유명하다. 심리학에서 말하는 플로우란 무언가에 깊이 빠진 몰입 상태를 뜻한다. 미하이 교수는 '긍정심리학' 분야의 대표 학자로서 '몰입'을 연구해 세상에 많이 알려졌다.

그는 창조적 인간이 갖춘 요건을 3가지로 제시한다. 전문지식, 창의적 사고, 몰입하는 자세다. 이 가운데 우리는 몰입에 주목할 필요가 있다. 전문지식, 창의적 사고에 비해 몰입은 일반인도 비교적 쉽게 실천할 수 있는 항목이기 때문이다.

창조적 인재들을 볼 때 흔히 하는 오해가 있다. 천재가 가진 창의적인 발상이 순간적인 아이디어에서 온다는 생각이다. 아마 이 글을 읽는 당신도 그렇게 짐작할지 모른다. 그런데 미하이 교수는 다른 가정을 했다. 조사를 통해 천재들의 창의적 발상이 어디에서 오는지 연구했다.

그 결과 창조적 발견은 어쩌다 반짝하는 아이디어가 아니었다. 짧은 순간에 일어나는 우연한 사건이 아니라 지속적인 몰입의 결과물이었다. 오랜 시간 탐구함으로써 전문지식이란 기초가 쌓이고, 그 토대 위에 몰입을 더해 창의성이 발현된다는 것이다. 창의적 결과물의 핵심 요소는 결국 '몰입'이었던 셈이다.

카이스트 황농문 교수 역시 몰입하는 삶을 이야기한다. '어떻게 살 것인가?'와 같은 철학적 물음에 그는 몰입하는 인생을 우리에게 권한다.

황농문 교수는 긍정심리학에서 얘기하는 '플로우' 개념을 전혀 몰랐다고 한다. 일부러 몰입하는 상황을 의도하지 않았지만 연구 활동에 집중하다 보니 몰입의 경지를 자연스럽게 경험하게 되었다고 한다.

그는 자신의 연구 분야에서 50년 동안 아무도 풀지 못한 난제들을 해결했는데, 그것은 자신이 뛰어나서가 아니라 지속적으로 몰입하는 시간을 보냈기 때문이라고 말한다. 그는 어려운 문제를 천천히 그러나 지속적으로 생각하고 또 생각함으로써 답을 얻을 수 있었다고 한다. 연구과제에 푹 빠져 식사할 때도 길을 걸을 때도 계속 생각할 정도였는데 그러다 보니 어느 순간 실마리가 풀렸다고 한다. 몰입의 힘을 그는 몸소 경험한 것이다. 그래서 황농문 교수는 탁월한 능력을 가지고 있지 않더라도 집중하면 비범한 결과를 얻을 수 있다고 주장한다.

100만 부 이상 판매된 베스트셀러 『몰입』에는 실제 우리 생활에서 어떻게 몰입을 접목하고 실천할 수 있는지에 대한 자세한 내용이 나온다. 학교에서나 직장생활에서 몰입하는 방법과 구체적 사례가 궁금한 분들에게 일독을 권한다.

✅ 자유로운 만큼 몰입해야

재무설계사란 직업이 가진 장점이 뭘까? 능력만큼 보상받고, 고객을 선택할 수 있다는 장점 등이 있지만 또 하나는 시간을 자유롭게 쓸 수 있다는 것이다.

재무설계사는 일을 스스로 하는 직업이다. 독립된 사업체를 운영하든 특정 회사에 소속되어 있든 마찬가지다. 재무설계사의 삶은 어디든 비슷하다. 자신의 일을 직접 계획하고 실행한다. 예를 들어 오늘 하루 사무실에서 상담 자료를 만들며 보낼지, 밖에서 고객을 만날지는 본인이 결정한다. 재무설계사는 이처럼 시간을 자신의 의지대로 사용한다.

자유롭기 때문에 재무설계사에게는 몰입하는 태도가 필요하다. 시간을 마음대로 쓸 수 있다는 장점에는 대가가 따른다. 스스로 통제하지 않으면 업무 시간이 비생산적인 시간으로 채워질 수도 있기 때문이다. 업무 시간에 다른 일을 한다고 한들 어느 누가 간섭하겠는가? 해야 할 일이 꼭 정해져 있지 않기 때문에 나태함도 쉽게 찾아온다. 스스로를 관리해야 하는 이유다.

자유롭다는 것은 그만큼 책임이 필요하다는 뜻이다. 시간을 마음대로 쓸 수 있다는 특성이 장점이자 곧 단점이다. 업무 분위기를 유지하고 목표에 도달하기 위해서는 집중해야 한다. 몰입하는 태도가 필요하다. 스스로 몰입하지 않고 외부 시스템에 의존해 자기 삶을 통제한다면 오래가지 못한다.

주체적인 삶을 살아야 한다. 능동적인 인생을 살 때 육체도 덜 피곤하고 삶도 더 즐겁다. 그럼 어떻게 주체적인 삶으로 만들 수 있을까? 몰입하는 인생이 답이다. 집중하고 몰입할 때 삶은 온전히 내 것이 된다. 몰입이 더 나은 성과를 만들고, 나아가 더 나은 삶으로 당신을 이끌 것이다.

 **Action Plan**

1 업무 시간 중에는 영업 활동에만 집중하자. 몰입하는 업무 환경을 위해 해야 할 일과 하지 말아야 할 일은 무엇인가?

---

2 잠자리에 들기 전 내일 해야 할 일을 메모하는 습관을 들이자. 내일 할 중요한 일은 무엇이고 만나야 할 사람은 누구인가?

Action Plan

3 목표 의식과 그로 인한 내적 위기감이 집중력을 높여 준다. 하루에 한 번 목표를 떠올리고 진도를 체크하자. 이번 달 혹은 이번 주 목표는 무엇인가?

비전
당신은 성장하고 있는가?

성장에는 준비가 필요하다. 언제 기회가 찾아올지 예측할 수 없다.
준비해 두어야만 한다. 준비되어 있지 않으면 기회는 다른 곳으로 가 버린다.

피터 드러커(현대 경영학의 창시자)

'나는 성장하고 있는가?'

일을 시작한 이후 당신은 재무설계사로서 얼마나 성장하고 있는지 스스로에게 질문해 보자. 처음 일을 시작해 현재에 이르기까지 어떻게 보험 영업 혹은 재무 서비스 사업을 해 왔는가? 1년 전, 2년 전에 비해 지금은 어떤가? 나아지고 있는가? 당신의 비즈니스는 발전하고 있는가?

나는 2002년에 생명보험 업계에 들어왔다. 전 직장 업무에 지쳐 이직을 고민하기 시작했을 때 우연히 재무설계사 일을 알게 됐다.

흥미가 생겼지만 주변 사람들 모두가 반대했다. 힘들어서 오래 할 수 없을 것이라는 걱정이 가장 많았다. 평생 직업이 될 수 없다는 조언도 들었다. 걱정하고 염려하는 주변 사람이 많았다. 한동안 고민했지만 결국 선택했다. 새로운 일에 도전하고 싶었기 때문이다.

처음에는 단순한 세일즈 업무를 했다. 잠재고객을 만나 상품의 장점을 설명하고 계약을 하는 방식으로 일을 진행했다. 재무 설계, 자산관리와 같은 종합적인 상담보다는 특정 상품 세일즈에 비중을 둔 영업이었다. 돌아보니 생명보험 세일즈맨으로서 존재했던 시기다.

괜찮은 실적으로 2년 정도 세일즈 활동을 한 후에는 스스로를 업그레이드할 필요성을 느꼈다. 단순한 세일즈 활동에서 재무 상담을 하는 쪽으로 초점을 바꿨다. 체계적인 학습을 통해 지식도 늘리고 상담 경험도 쌓았다. 업계에서 널리 인정받는 'CFP^{국제 공인 재무설계사}' 자격증도 땄다.

CFP는 은행이나 증권사 PB^{Private Banker} 업무를 하려면 통상 갖춰야 하는 자격증이다. 위험 설계를 기본으로 투자 설계, 부동산 설계, 은퇴 설계, 세금 설계, 상속 설계 등에 관한 능력을 검증하는 시험이다. 재무설계사로 고객을 만나 보면 투자, 부동산, 은퇴, 세금, 상속 상담을 주요 이슈로 다뤄야 한다. 지속적으로 공부해야 하는 주제인 셈이다.

개인 재무 상담을 위주로 수년간 활동하다 2000년대 후반부터는 기업을 대상으로 영업을 확장했다. 개인 재무 설계에서는 은퇴 설계와 상속 설계가 주된 내용이라면 기업 관점에서는 가업 승계가 핵심 주제라고 할 수 있다. 법인과 상담하기 위해서는 공부할 내용이 많다. 기업의 재무제표를 보고 중요한 정보를 계산할 수 있어야 하고 정관과 같은 중요 서류도 검토해야 한다. 이를 위해 최신 세법과 상법 등도 알아야 한다. 개인 상담에 비해 법인 상담에서는 좀 더 전문적인 지식이 요구된다고 할 수 있다.

재무설계사로서 살아온 지난 15년을 돌아보면, 시대의 흐름에 따라 나도 변화해 왔다. 금융 환경 변화에 적응했고 트렌드를 따라가려고 노력했다. 감성에 호소해 상품 세일즈를 하는 시대가 있었고, 단순한 상품 세일즈에서 재무 설계로 상담 영역을 넓혔던 시기가 있었다. 이후에는 개인에서 법인으로 상담 대상을 확장했고 최근에는 퇴직 연금과 자산관리 서비스 시장으로 진출하고 있다. 시대 변화에 맞춰 나름 적응하고 발전해 가고 있다.

✔ 당신만의 로드맵을 짜라

성장에는 두 가지 형태가 있다. 자연적인 성장이 있고, 계획적인 성장이 있다. 사람은 태어나 나이가 들며 육체적·정신적으로 자연스럽게 성장한다. 특별히 노력하지 않아도 육체적으로 성장하고, 교육을 통해 정신적으로 성숙해 간다. 시간이 흘러가면서 자연적으로 성장하는 것이다.

성인이 된 후에는 상황이 다르다. 자연적인 성장은 멈춘다. 스무 살 무렵이 되면 신체적인 성장이 중단되고, 정신적으로도 서른 살 이전에는 대부분 교육이 끝난다. 지속적인 성장을 위해서는 계획이 필요하다. 자연적인 성장은 특별한 노력 없이 얻어지지만 의도된 성장은 다르다. 원하는 것을 얻기 위해서는 성장을 계획해야 한다.

성장을 위해서는 먼저 목표가 있어야 한다. 다른 사람의 목표를 가져오지 말고 자기의 내면을 들여다보라. 원하는 것이 무엇인지, 어떤 꿈을 꾸고 있는지 확인하라. 꿈이 있고 원하는 바가 있다면 그것을 구체적으로 표현해야 한다. 막연한 희망은 머릿속에서만 머무를 뿐이다. 현실의 삶에서 목표로 구체화해야 한다.

성장을 원한다면 계획하고 당신만의 로드맵을 짜라. 그리고 그 길을 따라가라.

Action Plan

1 현재 본인 영업 스타일의 장단점을 분석해 보고, 발전시킬 장점을 꼽아 보자.

---

2 장점을 강화하기 위해 참가할 세미나 혹은 교육 프로그램을 찾아보자. 연간 3~4회 교육 프로그램 참석을 통해 자신을 지속적으로 업그레이드하자. 참석하고 싶은 세미나 종류에는 무엇이 있는가?

Action Plan

3 전문가로 성장하기 위해 어떤 자격증을 취득하고 무엇을 준비할지 로드맵을 그려 보자(CFP와 같은 자격증 따기, 석사·박사 학위 받기, 책 쓰기 도전 등을 계획하자).

차별화
어떻게 차별화할 것인가?

성공의 공식은 간단하다.
더 열심히 노력할 필요가 없다. 다만 다르게 노력하면 된다.
마이크 미칼로위츠(『펌프킨 플랜』 중에서)

미국의 '마이클 포터' 교수는 세계적인 경영학자다. 포터는 하버드 대학교를 대표하는 석좌교수로 피터 드러커, 톰 피터스와 함께 세계 3대 경영 석학으로 불린다. 그는 경영학과 경제학 관련 연구를 통해 방대한 저서와 논문을 발표했는데, 특히 '경영전략' 분야에서 새 지평을 열었다는 평가를 받는다. 마이클 포터 이후 전략 분야는 현대 경영학의 주요 연구 주제가 되었다.

마이클 포터 교수는 기업의 경영전략을 세 가지로 정리했다. '집중화 전략, 비용우위 전략, 차별화 전략'이다. 이 중 '차별화'는 기업 경영에서 가장 중요한 경쟁우위 요소로 주목받고 있다. 이는 현대 산업에서 경쟁력이 더 이상 원가 감소나 기술력, 서비스에만 의존하지 않기 때문이다. 정보와 기술의 발전은 전 세계의 생산 능력을 상향 평준화시키는 데 기여하였다. 즉 과거처럼 기술력이나 제품의 품질이 더 이상 핵심 경쟁 요소가 되지 못하는 것이다. 그렇다면 무엇으로 다른 기업과의 경쟁에서 비교우위에 설 수 있을까?

세계의 많은 기업들이 '차별화 전략'을 주목하는 이유다. 사실 차별화는 제품 자체의 특성에 기인하기보다는 시장에서 형성된 소비자의 인식과 관련이 있다. 브랜드 평판이라고 할까? 차별화에 성공한 기업은 '저 회사 제품은 최고다.', '다른 제품과 다르다.'와 같은 선입견이 형성된다. 그리고 시장에서 한번 만들어진 소비자의 평판은 쉽게 변하지 않는다. '차별화'는 이처럼 기업의 강력한 무기가 되는 것이다.

이와 같이 차별화는 기업 경영전략에서 핵심 요소가 되는데, 개인의 경우에도 비슷하게 적용할 수 있다. 특히 재무설계사에게도 마찬가지다. 비슷한 상품과 서비스를 다루기 때문에 남과 다른 점을 부각해야만 경쟁에서 이길 수 있기 때문이다. 영업의 세계에서 장기적으로 성공하기 위해서는 차별화가 필요하다. 그렇다면 재무설계사는 어떻게 자신을 차별화할 수 있을까?

✅ 첫째, 자신의 일을 정의하라

나만의 차별화 전략을 고민하기 위해서 먼저 생각해 볼 질문이 있다. 우리가 하고 있는 일이 무엇인지 정의하기다. 업을 규정해야 무엇을 차별화할지 대상을 정할 수 있기 때문이다. 마음속에 당신이 하고 있는 일이 어떤 이미지로 그려지는가? 생명보험 세일즈맨, 재무상담사, 자산관리사 등의 이름 중 무엇으로 명명하고 싶은가?

만약 당신의 일이 '세일즈'라고 생각한다면 상품 지식이 중요하다. 추천하는 상품과 다른 상품을 비교 분석하여 장단점을 꿰고 있어야 한다. 기본 지식이 바탕이 될 때 필요한 내용을 요약해 고객에게 전달할 수 있기 때문이다. 지금은 정보가 홍수인 시대다. 그러므로 필요한 정보를 적절하게 취합해 소개하는 '큐레이션 curation' 역할이 중요하다.

'세 가지 이유 때문에 지금 이 상품을 당신에게 추천합니다.' 상담의 최종 결과로 이런 말을 할 수 있어야 한다. 많이 알아야 자신감도 생기고 고객에게 유용한 정보를 제공할 수 있다. 지식은 세일즈맨을 돋보이게 하는 중요한 요소다.

최근 들어 보험 약관과 보상에 관한 강의가 많이 개설되고 많은 설계사들이 공부하는 분위기가 되었다. 고무적인 현상이다. 고객이 보험을 가입하는 이유는 보험료를 납부하기 위해서가 아니라 보험금을 받기 위해서다. 보상 관련 분야 전문가가 되고자 노력하는 일은 좋은 차별화 전략이다.

당신이 하는 일을 '재무 상담'이라고 정의한다면 재무 설계 능력이 기본이다. 주변을 둘러보면 종합 재무 상담을 지향하면서도 공부에는 게으른 사람들이 많다. 그들은 자신이 알고 있는 기본적인 지식만 가지고 고객을 대한다. 자격증이 지식의 깊이를 측정하지는 않지만 재무 설계 관련 자격증조차 없는 사람이 너무 많다. 관련 자격증은 그 분야에 대한 공부를 체계적으로 다루기 때문에 필수다. 독학으로 하는 공부는 자신이 관심 있는 분야에 편중될 수 있지만, 자격증 공부는 흥미 없는 분야도 고루 학습하게 한다. 재무 상담을 지향한다면 관련 자격증을 따야 한다. AFPK^{재무설계사}, CFP^{국제 공인 재무설계사} 같은 자격증이 기본이다. 나아가 대학원 관련 학과에 진학해 지식의 깊이를 더할 수도 있을 것이다.

당신이 '자산관리'를 주로 한다면 경제 흐름, 투자 환경에 대한 관심이 기본이다. 관련 공부도 계속 해야 한다. 한국에서 자본시장통합법이 시행되며 교차 판매가 시작되었을 때 많은 설계사가 '펀드 판매', '자산관리' 영업에 도전했지만 성공한 이는 드물다. 이는 보험 영업과는 다른 영역이기 때문이다. 매일 변하는 시황, 경제지표, 해외 동향도 살펴야 한다. 쉽게 말해 삶의 루틴이 달라져야 한다. 업무 환경을 바꾸어야 한다. 보험 상품만 다룰 때는 경제 지표 변화에 예민할 필요까지는 없겠지만, 자산관리 마케팅에서는 기본적인 관심 사항이 되어야 한다.

✅ 둘째, 사소한 것에 주목하라

차별화를 위해 내가 하는 일이 무엇인지 정의했다면 다음 고민은 무엇을 어떻게 개선하느냐에 대한 질문이다. 결론부터 말하자면 '사소해 보이는' 영역에 답이 있다. 차별화 전략을 이야기하면 큰 그림부터 그리는 사람들이 있다. 뭔가 대단한 전략이 있어야 하고, 거대한 로드맵이 필요해 보이지만 현실은 대부분 그렇지 않다.

사람은 사소한 일에서 큰 감정을 느끼는 경우가 많다. 대수롭지 않은 행동, 지나가는 말 한마디, 작은 표정 하나에 사람은 감동을 받기도 하고 상처를 입기도 한다. 사소해 보이는 일에 주목해야 하는 이유다. 차별화는 거창한 전략이 아니다. 생활 속에서 이뤄져야 할 소소한 일상의 변화다.

실제로 사소해 보이는 것의 중요함을 입증한 사건이 있었다. 세계에서 가장 범죄가 빈번한 도시 뉴욕에서 새로운 시도가 있었다.

줄리아니 시장과 브래턴 경찰국장은 강력 범죄에만 집중하던 과거 시각에서 벗어나 가벼운 범죄 줄이기로 초점을 바꾼다.*

무임승차, 깨진 유리창 낙서, 허락 없이 차 유리를 닦고 돈을 요구하는 행위 등을 근절하겠다는 목표를 세웠다. 마약, 총기사고 등에 비하면 하찮아 보이는 범죄였기에 과거와는 전혀 다른 접근이었다. 발상의 전환에 초기 여론은 의문을 품었다. 경범죄 단속만으로 도시 분위기가 바뀔 수 있을까?

주변의 우려에 아랑곳하지 않고 줄리아니 시장은 어떤 경범죄도 허용하지 않겠다는 '범죄와의 전쟁'을 선포한다. 실제 현실에서도 중범죄 대신 사소한 범죄 줄이기에 집중했다. 어떤 결과로 이어졌을까?

사소한 범죄들을 통제하기 시작하면서 뉴욕은 변했다. 경범죄가 줄어들자 시민 삶의 질이 높아졌다. 도시 분위기를 변화시킨 요인은 중범죄가 아니라 경범죄의 감소였다. 시민들이 생활 환경에 만족하면서 도시에 진정한 변화가 찾아왔다. 뉴욕은 사람들이 만족하는 살기 좋은 지역이 되었다. 뉴욕시의 성공은 사소한 것에 주목해 큰 변화를 이끌어 낸 대표적인 사례다.

---

* 마이클 레빈, 김민주 옮김, 『깨진 유리창 법칙』, 흐름출판, 2006, 27쪽.

하나를 보면 열을 안다고 했던가. 사소한 것의 위력을 알 수 있게 해 준 사건이다.

♥ 셋째, 고객을 중심에 둬라

"전략은 변하지 않는 것에 토대를 두어야 한다. 사람들은 나에게 5년 후나 10년 후 무엇이 변할 것인지는 묻지만 무엇이 변하지 않을 것인지는 묻지 않는다. 세상이 어떻게 바뀌더라도 고객이 원하는 가치를 제공한다면 고객은 외면하지 않는다."

아마존의 CEO인 제프 베조스가 남긴 말이다. 아마존 회사의 회의실에는 특이한 것이 있다고 한다. 바로 빈 의자다. 아무도 앉지 않는 의자를 회의할 때 하나 더 둔다고 한다. 그 의자는 누굴 위한 걸까? 짐작하겠지만 주인공은 바로 고객이다. 고객을 염두에 두고 회의를 진행한다는 의미다. 고객을 잊지 말자는 다짐이다.

회의석상에서 벌어지는 모든 논의는 주주나 임직원을 위한 것이 아니다. 고객이 중심에 있어야 한다. 차별화를 생각할 때 우리가 먼저 생각해야 하는 요소는 바로 고객이다. 고객이 원하는 가치를 고민하고 그에 충실하고자 하는 노력이 차별화의 핵심이다.

우리에게 변하지 않는 절대 존재란 바로 고객이다. 우리의 업이 무엇이든 고객이 없으면 비즈니스도 없다. 고객을 잊으면 우리도 사라진다.

차별화를 위해 세 가지를 기억해야 한다. 먼저 자기가 하는 일이 무엇인지 정의하고, 사소한 것에 주목하고, 고객을 중심에 둬야 함을 명심하라.

Action Plan

1 고객이 요청한 가벼운 일, 시간 약속 지키기 등 사소해 보이는 업무에서 실수했던 최근 경험은 무엇인가?

---

2 1번에서 언급했던 사소한 실수를 줄이기 위해 무엇을 할 수 있는가?

Action Plan

----

3 고객 만족도를 더 높이기 위해 어떤 서비스를 추가할 수 있는가?

인내
평범함에서 탁월함으로

신발 정리하는 일을 맡았다면 신발 정리를 세계에서 제일 잘할 수 있는
사람이 되어라. 그렇게 된다면 누구도 당신을 신발 정리만 하는
심부름꾼으로 놔두지 않을 것이다.

고바야시 이치조(한큐철도 설립자)

MDRT를 달성한 후 미국 샌디에이고에서 열리는 연차총회 Annual Meeting를 처음 갔을 때다. 만 명을 수용할 수 있는 강연 무대는 많은 사람들로 붐볐는데, 나와는 다른 배지를 달고 있는 사람들이 있었다. COT·TOT 회원이다. COT는 MDRT보다 3배 많은 실적을 낸 회원, TOT는 6배 많은 실적을 낸 회원이다. 소수만이 달성할 수 있는 회원 자격이다. 훈장처럼 빛나는 배지를 보며 나도 할 수 있을까 하는 생각이 들었다. 부럽기만 할 뿐, COT·TOT 회원은 당시 나로서는 도저히 달성하기 불가능한 목표로만 여겨졌다.

그 후 MDRT 연차총회를 해마다 참석하면서 보니 동료 중에서 COT 회원, TOT 회원이 나오는 것이었다. 욕심은 생기는데 시장 전환이 관건이었다. VIP 마켓으로 영업 대상을 전환하지 않는 한 실적 상승은 어려워 보였다. 만나는 고객층을 바꿔야 더 높은 실적이 가능한 상황인데, 어떻게 할 수 있을까?

그러던 어느 해였다. MDRT 8년 차 회원이 되어 2012년 애너하임 연차총회에 참석했을 때다. 강연장 옆자리에 금발의 노신사가 앉았는데 TOT 배지를 달고 있었다. 용기를 내 말을 걸었다. 짧게 인사말을 나눈 후 묻고 싶은 질문을 꺼냈다.

"저도 COT·TOT 회원이 되고 싶은데 어떻게 할 수 있을까요?"

"MDRT는 몇 번 달성하셨어요?"

캐나다 토론토에서 왔다는 신사는 대답 대신 질문을 했다.

"8번 달성했습니다."

"그럼 저는 몇 년을 했을 것 같아요?"

"20년 이상 하셨을 것 같은데요. 얼마나 오래 하셨습니까?"

"28년 됐습니다. MDRT는 20회 달성했고요. 저도 그 이상을 하고 싶었지만 늘 MDRT 수준에 머물렀죠. 그런데 20년 하는 동안 고객들 중에서 크게 성공한 사람이 생기더군요. 21년이 되는 해에 COT가 되었어요. 제가 특별히 노력했다기보다 시간이 만든 결과였습니다. 25년이 되었을 때부터 TOT 회원 자격을 달성하기 시작했고요. 올해도 운 좋게 TOT 회원이 되어 연차총회에 참석을 했죠."

"운이라니요. 정말 대단하십니다."

"어떻게 COT 회원이 될 수 있을까요? 특별한 비법은 없어요. 남들이 모르는 지름길도 없습니다. 지금처럼 최선을 다한다면 어느새 COT·TOT에 도달한 자신을 발견하게 될 겁니다. 다만 한 가지는 기억하세요. 고객이 잘될 수 있도록 기도하고 도와줘야 합니다."

"네. 기억하겠습니다."

"다시 한번 말씀드리지만 여기까지 왔듯 앞으로 나아가면 됩니다. 멈추지 마세요. 조급해하지 마세요. 꾸준히 활동하면 원하는 목표에 도달할 수 있습니다. 힘들 때는 조금만 참고 버티세요. 시간이 지나면 고객들이 당신을 COT·TOT로 만들어 줄 겁니다."

짧은 대화였지만 여운이 길었다. 그 어느 강연보다 큰 가르침을 얻은 순간이었다. 그는 20년이나 MDRT에 머문 후 점프할 수 있었다. 난 이제 겨우 8년 차인데 뭘 그리 서두를까? 이 일을 평생하기로 결심한 나로서는 현재 고민이 무의미하게 느껴졌다. 연차총회를 마치고 한국으로 돌아오는 발걸음이 가벼웠다. 새로운 희망이 보였다.

몇 년 후 MDRT 종신회원이 되었다. MDRT 10년을 달성할 때 마술과 같이 COT를 달성할 수 있었다. 예전에 그토록 바랐던 COT 회원 배지는 시간과 함께 슬그머니 내게 다가온 것이다. 한번 올라선 실적은 떨어지지 않아 그 후 3년 연속 COT 자격을 유지했다. 그리고 다시 세월이 흐르면 TOT 회원 자격에 도달할 수 있다고 난 믿는다.

소소한 일상이 쌓여 위대한 결과를 만든다. 영업인들이 기억할 진리는 바로 이것이다. 그 모든 탁월함은 평범함에서 시작되었다.

 **Action Plan**

1 내가 할 수 있는 일을 정해 꾸준히 실행하자(예를 들어 하루 5명 상담, 2W(1주에 2건 계약), 3W(1주에 3건 계약), MDRT 달성 등). 무엇을 할 수 있는가?

---

2 위에서 정한 목표를 일정 기간으로 한정해 달성해 보자(예를 들어 2W 10주, 10M(한 달에 10건 계약)). 목표 기간은 얼마로 설정하겠는가?

Action Plan

3 주 1회 혹은 한 달에 2회 등은 '고객 봉사의 날'로 정하고, 상담 대신 고객에게 도움을 주는 활동을 하자. 실천한다면 어떤 활동을 할 것인가?

전략
롱런의 비밀

지금 네 곁에 있는 사람, 네가 자주 가는 곳,
네가 읽는 책들이 너를 말해 준다.
괴테(독일의 세계적인 문학가)

해마다 6월 북미에서 열리는 MDRT 연차총회를 가면 30년 이상 경력을 가진 재무설계사를 만날 수 있다. 70대, 80대가 되어도 현역으로 왕성하게 활동하는 모습을 보면 부럽기도 하고, 한편으로는 그 비결이 궁금해진다. 특별한 이유가 있을까? 성공의 원인을 한 가지로 단정할 순 없겠지만 공통 요소는 분명히 있을 것이다. 도대체 무엇이 그들을 수십 년간 탁월한 재무설계사로 존재하게 했을까?

롱런하는 재무설계사의 특징을 몇 가지로 요약할 수 있다. 우선 업무 절차를 체계화하고 시스템을 구축한 경우가 대부분이다. 팀을 구성해 일하는 상담사가 대부분이다. 그리고 특정 영역에 집중하는 전략을 추구한다. 주력하는 고객 시장이 있고, 상담 분야도 한두 가지 주제로 특화한다. 흔히 전문화 전략이라고 한다.

예를 들어 상속·가업 승계 상담을 주로 하거나 법인 자산관리 분야 등으로 한정한다. 한국 사회도 향후 크게 관심 가져야 하는 재무 설계 영역은 '은퇴 후 자산관리', '증여', '상속', '가업 승계' 같은 분야다. 롱런하는 재무설계사는 자신의 직업적 포지셔닝을 일반적인 상담사인 '제너럴리스트 Generalist'에서 전문분야 상담사인 '스페셜리스트 Specialist'로 발전시켜 나간다.

이런 몇 가지 특징과 함께 또 하나 눈여겨볼 점은 가망고객을 확보하는 방법이다. 재무 상담 업무의 출발은 가망고객 발굴이다. 상담을 하고 계약을 한 후 서비스를 제공하기 위해서는 먼저 누군가를 만나야 한다. 기존 고객에게 다른 추가적인 상품 판매를 하거나 새로운 서비스를 제공하는 것이 아니라면, 낯선 사람을 만나 관계를 맺는 일이 재무 상담의 시작인 셈이다. '프로스펙팅 Prospecting'이라고 부르는 이 과정이 재무 상담의 첫 출발이다.

그럼 여기서 생각을 해 보자. 프로스펙팅을 어떻게 30년 넘는 세월 동안 할 수 있었을까? 가망고객 확보가 첫 번째로 중요한 업무라고 했는데, 이 일을 끊임없이 해내는 비결이 뭘까? 30년 이상 재무설계사로서 성공적인 활동을 하는 이들은 어떤 방법으로 프로스펙팅을 하고 있을까? 정답은 바로 '소개'다. 소개를 통해 새로운 잠재고객을 지속적으로 확보하고 있다.

세계 최고의 재무설계사들은 '소개 마케팅'에 주력한다. 일면식도 없는 사업가에게 편지를 보내거나 특정 직업인의 명부를 보고 접촉을 시도하는 재무설계사도 가끔 있지만 그건 현실보다 영화 속 이야기에 가깝다. 새로운 모임에 가입해 잠재고객을 확보하는 방법도 있지만 그 방법 역시 한계가 있다. 고객 관계로 발전하기까지 많은 시간이 필요하기 때문이다. 결국 가망고객을 확보하는 최고의 방법은 '소개'다. 기존 고객을 통해 새로운 사람을 추천받는 일이 최선이다. 롱런하는 재무설계사들은 거의 모두가 '소개'에 의지한다.

또 하나 생각할 문제가 있다. MDRT 15년을 달성한 나에게 사람들이 종종 묻는다. 그들은 꽤 오랜 시간을 활동했는데도 새로운 사람을 계속 만나야 하는지 궁금해한다. 신규 잠재고객을 유치하는 일이 계속 필요할까? 아니면 기존 고객만 잘 관리해도 괜찮을까? 여러분 생각은 어떤가?

이 질문에 대한 답은 영국에서 활동하는 토니 고든의 말을 빌려

하고 싶다. 그는 MDRT 40년 회원이다. 해마다 북미에서 개최되는 연차총회 무대에서 토니 고든은 언제나 슈퍼스타다. 강연장에는 항상 많은 사람이 몰려든다. 그의 아이디어는 많은 재무설계사에게 공감받기 때문이다.

"새로운 고객이 필요한 이유는 우리에게 도전 의식을 주기 때문이다. 새로운 고객은 우리의 마음에 생기를 불어넣고 우리로 하여금 최신 지식으로 무장하고 깨어 있게 만든다. (중략) 우리는 기존 고객들에 대한 서비스가 너무 쉽다고 여긴 나머지 안일한 영업 활동을 하게 될 수가 있다. 따라서 우리는 자신을 위해 하나의 규율을 만들어야 한다. 나는 단순한 하나의 규율을 갖고 있다. 실적의 25%는 항상 새로운 고객을 통해 얻으려고 하는 것이다."*

영업은 사람과 소통하는 일이다. 그리고 관계를 맺는 사람에는 기존 고객과 함께 새로운 고객이 늘 포함되어야 한다. 아무리 오랜 세월을 일해도 마찬가지다. 끊임없이 낯선 사람을 만나야 한

---

* 토니 고든, 박명수 옮김, 『보험왕 토니 고든의 세일즈 노트』, 삶과꿈, 2005, 103쪽.

다. 50년 가까운 시간을 영업했던 토니 고든의 말이 맞다. 우리는 새로운 만남을 통해 도전 의식을 느끼고 더 발전할 기회를 얻는다. 중단해서는 안 된다. 신선한 사람을 만나지 않으면 우리의 성장 엔진도 멈추기 때문이다.

    30년, 50년 후의 모습을 한번 상상해 보라. 재무설계사로서 당신은 크게 성공했다. 당신을 에워싼 후배들이 묻는다. 어떻게 그리 긴 세월 동안 롱런할 수 있었나요? 질문에 당신은 어떤 얘기를 할 것인가? 성공의 비밀을 무엇이라 얘기할 수 있을까?

 **Action Plan**

1 보험금 혜택을 본 고객이 있다면 방문하여 적극적으로 소개를 요청해 보자. 최근 누구에게 보험금 지급을 했는가?

2 한 번 이상 소개한 적이 있는 고객이 또 소개할 확률이 높다. 지금까지 나에게 소개를 한 고객 리스트를 작성해 보자. 총 몇 명인가?

카르페 디엠
지금 이 순간을 살아라

어떠한 일도 과거 속에서 일어날 수는 없다. 과거의 일도 지금 속에서 일어난 것이다.
어떠한 일도 미래 속에서 일어날 수는 없다. 미래의 일도 지금 속에서 일어날 것이다.

에크하르트 톨레(『지금 이 순간을 살아라』 중에서)

귀여운 판다 곰이 주인공인 '쿵푸 팬더'는 잘 만든 애니메이션 영화다. '평화의 계곡'에서 아버지 국수 가게를 돕던 주인공 포는 우연히 용의 전사가 된다. 쿵푸를 누구보다 좋아하지만, 한 번도 제대로 배워 본 적 없는 포는 훈련을 힘들어한다. 아무 재능이 없는 자기가 실수로 후계자가 되었으니 도망가야겠다는 생각을 한다. 포의 마음을 눈치챈 사부, 우그웨이는 포에게 이야기한다.

"Yesterday is history, Tomorrow is mystery. But today is

gift. That is why it is called the present."

"어제는 이미 사라졌으므로 역사가 되었고, 내일은 아직 오지 않았으니 알 수 없는 미지의 세계로 남아 있지. 하지만 오늘은 선물gift이라네. 그래서 우리는 오늘을 '선물present'이라고 부르지."(present는 '선물'이란 뜻도 있고 '현재'라는 의미도 있다.)

영화 속 우그웨이 사부는 포에게 지나간 과거, 오지 않은 미래에 집착하지 말라고 충고한다. 대신 오늘을 살라고 격려한다. 매일 아침 눈을 떴을 때 선물로 주어진 오늘에 감사하라고 말한다. 어제는 흘러간 과거일 뿐 오늘에 집중하라고 얘기한다.

가벼운 대사에서 깊은 인생철학이 느껴졌다. 지나가듯 툭 던진 말인데, 내 기억에 오래 머물러 있다.

우리는 살아가며 과거에 매여 있거나 오지 않은 미래에만 너무 몰두하는 경우가 있다. 어느 쪽이든 바람직하지 않다. 과거는 이미 바꿀 수 없는 일이 되었고, 미래는 아직 발생하지 않았다. 과거에 집착한다고 현재 인생이 변하지 않는다. 미래만 생각하고 있어도 오늘의 삶은 바뀌지 않는다. 내가 통제할 수 있는 것은 지금뿐이다. 삶은 언제나 여기에 있다.

영업도 마찬가지다. 한때의 영광에 머물러 있거나 반대로 과거의 큰 불운에서 벗어나지 못하는 사람들이 있다. 지나간 일은 지금 와서 어쩔 수 없는데, 계속 돌아보며 아쉬워한다. 안타깝다. 과거에 있었던 일이 현재를 살아가는 데 별 도움이 되지 않는데 말이다.

어제의 영광도 지나간 일이고 불행했던 사건도 이미 과거가 되었다. 평가할 것은 평가하고 잊을 일은 잊어야 한다. 과거의 일을 지나치게 자랑하지도 말고, 지난 실수를 계속 떠올리지도 않아야 한다. 정신 건강에 해롭기만 하다.

미래에 대한 생각도 마찬가지다. 영업인들 중에는 미래를 지나치게 낙관적으로 기대하는 사람이 있다. 희망은 좋은 일이지만, 막연한 기대감은 버려야 한다. 대신 오늘을 충실하게 채워야 한다. 내일을 위해 오늘을 희생하라는 뜻이 아니다. 주어진 오늘을 기쁘게 받아들이고 지금을 오롯이 살아야 한다는 의미다. 미국인들에게 오랫동안 사랑받았던 가수 존 덴버도 'Today'에서 삶은 오늘에 있다고 노래한다. 마음을 포근하게 해 주는 부드러운 선율의 노랫말이 인상적이다.

"I can't be contented with yesterday's glory. I can't live on promises winter to spring. Today is my moment, now is my story."

"지난날의 영광에 만족할 수 없어요. 겨울이 가면 봄이 찾아온다는 약속에 의지해 살 수도 없답니다. 오늘이 바로 나 자신의 순간이고, 지금이 내 인생입니다."

새털 같은 많은 날이 남아 있어도 내가 살고 있는 순간은 바로 오늘이다. 어제도 아니고, 내일도 아니다. 오늘이다. 지금 이 순간을 살아라.

 **Action Plan**

1 만약 오늘 하루에 최선을 다하는 삶을 살고 있지 않다면 무엇을 하지 말아야 할까?

----

2 현재의 인생에 충실하기 위해 실천할 수 있는 한 가지는 무엇인가?(단순한 삶을 위해 실행할 단 하나의 행동지침을 정하자.)

Action Plan

3 1년 후 내 성과가 지금보다 나아진다면 그 원인은 무엇 때문이겠는가?(향후 1년간 목표를 정하고 그것에 초점을 맞추자.)

일찍 핀 꽃이 먼저 시든다.
만발하게 핀 꽃도 일찍 핀 것은 먼저 시들고
더디게 자라는 산기슭의 소나무는 무성하고 늦도록 푸르다.

『소학』

3부

당부

절대
잊지 말아야 할
3가지 원칙

당부
1

긍정의 프레임을 유지하라

한 인간에게서 모든 것을 빼앗아 갈 수는 있지만, 한 가지 자유는 빼앗아 갈 수 없다. 바로 어떤 상황에 놓이더라도 삶에 대한 태도만큼은 자신이 선택할 수 있는 자유이다.

빅터 프랭클(나치 수용소에서 살아남은 정신과 의사)

서울대학교 심리학과 최인철 교수가 쓴 『프레임』이라는 책은 오랜 기간 사랑받아 온 스테디셀러다. 이 책의 서두에서 최인철 교수는 쉬운 말로 프레임을 정의한다.

"프레임은 한마디로 세상을 바라보는 마음의 창이다. 어떤 문제를 바라보는 관점, 세상을 향한 마인드 셋, 세상에 대한 은유, 사람들에 대한 고정관념 등이 모두 프레임의 범주에 포함되는 말이다. 마음을 비춰 보는 창으로써의 프레임은 특정한 방향으로 세상을 보도록 이끄는 조력자의 역할을 하지만, 동시에 우리가 보는 세상을 제한하는 검열관의 역할도 한다."*

프레임이란 세상을 보는 '마음의 창'이다. 어떤 건물 안에 들어가 밖을 볼 때는 건물 속 창문의 방향과 그 크기만큼 시야에 담을 수 있다. 특정한 틀 안에서 외부를 대하게 되는 것이다. 우리는 자신을 둘러싼 모든 것을 있는 그대로 본다고 믿지만, 사람은 누구나 '프레임'이라는 자기만의 안경을 통해 세상과 소통한다. 거의 모든 사람이 스스로를 객관적이라고 믿지만 대부분 착각이라는 뜻이다.

최인철 교수는 심리학자로서 연구해 왔던 내용을 일반인의 눈높이에서 자세히 설명한다. 그러면서 책 말미에 '지혜로운 사람의 10가지 프레임'을 소개한다. 그중 "긍정의 언어로 말하라."는 대목이 눈에 띈다. 긍정 프레임은 영업인이 가져야 할 기본 마인드이기도 하고, 긍정적인 언어 습관은 실생활에서도 중요하기 때문이다. 긍정적인 말은 긍정을 낳고, 부정은 부정을 잉태한다. 이는 부인할 수 없는 사실이다.

---

* 최인철, 『프레임』, 21세기북스, 2010, 11쪽.

이는 내가 영업 현장에서 15년 넘게 일하면서 많은 고객과 동료를 보면서도 깨달은 사실이다. 긍정 프레임을 갖고 일을 하는 사람과 부정과 의심에 가득 찬 마음으로 활동을 하는 사람은 차이가 날 수 밖에 없다. 안 된다고 생각하면서 뭔가를 이루어 내는 사람을 본 적이 없다. 불평만 늘어놓으면서 성취하는 이를 만난 적이 없다. 그러므로 성공하고 싶다면 긍정적 프레임부터 견지하라.

고객과 상담할 때도 긍정 프레임은 크게 작용한다. 우리는 재무상담을 하고 그 결과 상품 세일즈를 한다. 따라서 상품의 특성과 장단점을 자세히 파악하고 있어야 하는데, 이때 어떤 프레임으로 접근하느냐가 중요하다. 결과에 큰 차이를 가져오기 때문이다.

주변을 보면 상품의 단점에 더 신경 쓰는 재무설계사가 있다. 이 상품은 이런 약점이 있고, 저 상품은 저런 단점이 있다고 불만을 늘어놓는다. 들어 보면 틀린 말은 아니다. 정확히 분석해 지적하는 경우가 많다. 하지만 그런 태도가 상담에 어떤 영향을 미칠까? 상품의 단점에 집중한 상담이 좋은 결과를 가져오기는 어렵지 않을까?

또 하나, 상품의 단점에 집착하는 설계사는 자신의 저조한 실적을 상품 탓으로 돌리는 성향이 있다. 부정의 프레임이 가져온 결과다. 단점이 너무 크다고 여겨지면 다른 상품을 찾으면 되는데 그마

저도 어렵다. 프레임에 갇혀 다른 상품의 장점을 잘 찾아내지 못하는 것이다.

세상에 완벽한 것은 없다. 모든 사물은 장점과 단점을 함께 갖기 마련이다. 이런 상황에서 당신은 무엇에 집중하고 있는가? 단점에 집착하는가, 아니면 장점을 더 크게 보고 있는가? 최종적으로 답해야 할 질문은 이것이다. 이 상품이 가진 단점에도 불구하고 고객에게 권할 만한 이점은 무엇인가?

긍정의 프레임으로 접근하라. 이제부터 부정적인 생각은 지우고 부정의 말은 버려라. 긍정적인 생각과 언어로 자신을 가꿔라. 긍정적인 태도를 유지하라. 영업은 마인드 싸움이다. 긍정 혹은 부정, 무엇으로 자신의 마음을 채우겠는가?

오늘부터 당신이 사장님이다

단 하루도 안심할 수 있는 날이 없었다. 이 과제를 누구에게 위임하겠는가?
결코 그럴 수 없다. 그것은 외로운 싸움이다.

루이스 V. 거스너. Jr(몰락해 가던 IBM을 회생시킨 경영자)

기자 출신인 서광원 작가가 6년에 걸쳐 수많은 CEO들을 만나며 썼다는 『사장으로 산다는 것』이라는 책에는 이런 대목이 나온다.

"화가 단단히 나 있는 듯 얼굴이 벌겋게 상기된 채로 찾아온 그는 '술이나 한잔 마시러 가자.'고 했다. 분위기기 심상치 않아 하던 일을 제치고 엉거주춤 그를 따라 술집으로 갔다. (중략) 발단은 직원들이었다. 인정이 많았던 그는 직원들에게 아낌없이 털어 주었다. 상당량의 주식을 무상이다시피

나눠 줬다. 그런데 당시 회사 사정이 좋지 않았다. 주문 물량이 나날이 떨어져 밤잠을 못 자며 이리 뛰고 저리 뛰었다. 그러다 그날 오후 5시쯤 사무실에 들어와 보니 모두 퇴근하고 없더란 것이다. 모두들 사장이 들어오지 않을 것으로 생각하고 가벼운 마음으로 퇴근해 버린 것이었다. 텅 빈 사무실, 텅 빈 마음을 이기지 못하고 나를 찾아온 것이었다."*

'텅 빈 사무실, 텅 빈 마음'이라는 표현이 눈길을 끈다. 이 책은 사장의 애환을 그들의 입장에서 솔직하게 풀어내 베스트셀러가 되었다. 내용을 보면 밝은 곳이 아닌 그늘진 면을 들춘 부분이 많다.

직원 입장에서 사장은 부러운 자리다. 실무적인 일도 거의 하지 않고, 판단만 하면 되는 위치에 있으니 그다지 힘들어 보이지 않는다. 일도 많이 하지 않는 것처럼 보인다. 회사 책상에 붙어 있는 시간보다 안 보이는 시간이 많다. 그러면서 보수는 가장 많이 받아 간다. 부럽기도 하다.

그런데 사장의 자리가 그렇게 만만할까? 별다른 고통 없이 큰 소득만 생기는 자리일까? 아니다. 그렇게 생각한다면 오해다. 막상

---

* 서광원, 『사장으로 산다는 것』, 흐름출판, 2008, 186쪽.

그 자리에 있어 보지 않으면 그 고충을 알 수 없다. 혼자서 책임지는 일은 늘 외롭기 마련이다. 직원의 입장에서 생각하지 못하는 온갖 문제를 해결해야 한다. 현장에 있는 직원의 고민이 10가지라면 사장이 고민하고 해결해야 할 문제는 100가지가 넘는다. 이것이 현실이다.

왜 갑자기 사장의 이야기를 하는 걸까 의아한 독자가 있을 것이다. 영업은 1인 회사의 사장이 되는 것과 마찬가지이기 때문이다. 영업을 하기로 마음먹었다면 바로 이 사실을 명심해야 한다.

직원은 급여를 받지만 사장은 소득을 번다. 그 의미를 자세히 들여다보면 직원의 월급은 정해져 있지만 사장의 소득은 보장되어 있지 않다는 뜻이다. 몇 달 동안 한 푼도 벌지 못할 수도 있고, 급여소득자에 비해 수십 배의 소득이 발생할 수도 있다. 사장의 소득은 0에서 무한대라는 얘기다. 영업인도 똑같다. 일하는 만큼 소득이 생긴다.

업무 측면에서도 직원과 영업인은 다르다. 일반적인 직원은 해야 할 일이 있고 업무 지시를 받지만 영업인은 자발적으로 일을 한다. 수입이 발생하는 업무 중 공짜로 주어지는 일은 없다. 스스로 찾아야 한다. 자신이 직접 계획하고 실행하고 책임까지 져야 한다. 그러니 영업은 자기 사업인 셈이다.

사장님 마인드를 가져야 한다. 자기 주도적인 태도로 일을 하라. 수동적인 자세가 몸에 남아 있다면 훌훌 털어 내라. 영업의 세계는 학교나 직장과는 다르다. 영업은 1인 회사를 운영하는 것과 같다. 그 회사의 주인은 바로 당신이다. 오늘부터는 당신이 사장님이다.

먼 훗날 성공한 모습을 상상해 보라. 남들에게 그 원인을 무엇이라 말하겠는가? 반대로 실패했다면 그 이유는 무엇이겠는가? 첫 번째 요인은 바로 '당신'이다. 성공도 실패도 내 탓이다. 성공을 자기 공으로 돌리고 싶다면 실패에 대한 책임도 온전히 내 몫인 것이다. 사업의 최종 책임자가 누구겠는가? 모든 것은 당신으로부터 출발한다. 그 마음으로 시작하라.

자, 이제 다시 생각해 보자. 주문 물량이 떨어져 밤잠을 설치며 새로운 거래처를 뚫어 보려고 고군분투하는 사장과 퇴근 시간보다 일찍 퇴근해 버린 직원, 당신은 어느 쪽인가? 지금 당신은 어떤 삶을 살려고 하는가?

절대 포기하지 않겠다고 약속하라

결국에는 성공하리라는 믿음을 잃지 않아야 한다.
동시에, 눈앞에 닥친 현실 속의 냉혹한 사실들을 직시해야 한다.

짐 콜린스(미국의 경영 컨설턴트)

2018년 미국 서부 로스앤젤레스에서 개최된 연차총회, 주 강연장으로 가는 길목에 한 사람이 많은 청중에 둘러싸여 있다. 유명한 연예인이나 스포츠 스타라도 있는 걸까? 가까이서 확인해 보니 70대 노인이다. 파란 눈동자를 가진 외국인이다. 선한 인상과 따뜻한 눈매, 서양 사람치고는 부담스럽지 않은 체구다. 지나가다 얼굴을 알아본 사람은 환호하며 함께 사진을 찍자는 요청을 한다. 한 컷 찍고 발걸음을 옮길 때마다 다른 이에게 또 부탁받는다.

"사진 한 장 같이 찍어 주실 수 있으세요?"

"여기 사인해 주세요."

그가 저술한 책을 들고 와 서명을 요청하는 사람도 있다. 지칠 법도 한데 그는 한결같은 미소로 응한다. 친절한 신사의 풍모다. 좋은 매너 덕분에 더 사랑받는지도 모른다. 미국인, 중국인, 일본인에게는 물론이고 한국인에게도 그는 최고 스타다. 국적을 초월한 인기다.

해마다 6월 북미의 도시에서 개최되는 MDRT 연차총회MDRT Annual Meeting를 참석해 보면 유명 강사의 인기를 실감하게 된다. 그중 인종과 국적을 초월해 모두에게 사랑받는 이는 '토니 고든Tony Gordon'이다. 단연 그는 최고다.

나는 2006년 샌디에이고 연차총회를 시작으로 2018년 로스앤젤레스 총회까지 12년을 참석하며 토니 고든의 인기를 실감했다. 토니는 매년 사진 요청을 가장 많이 받는 스타다. 그는 연차총회에 참석하는 많은 MDRT 회원들에게 가장 존경받는 선배다. 업계에는 대단한 업적을 이룬 이들이 적지 않은데, 토니만큼 사랑받는 강사는 드물다. 도대체 그 비결이 뭘까.

탁월한 업적을 보이는 재무설계사는 처음부터 성과를 보이는 경우가 많다. 초창기 영업 활동부터 앞서 나간다. 우월한 영업 DNA를 가졌다고 할까? 준비된 전문가인 것이다. 하지만 토니 고든은 달랐다. 그는 처음에는 잘하지 못했다. 본인 표현을 빌리자면 최악이었다. 안간힘을 썼지만 나아지지 않았다. 상황을 어떻게 개선할지 모른 채 8년을 보냈다. 미래를 기약하고 인내한 세월이 아니었다. 억지로 버틴 시간이었다.

그는 중간에 포기하려고 마음도 먹었다. 신문에 난 구인 광고를 보고 연락하기 시작했다. 아무도 고용해 주지 않아 새로운 직업을 구하지 못했을 뿐, 토니 고든은 업계를 떠나려고 시도했다. 운명이었을까? 이직마저 실패한 토니는 어쩔 수 없이 보험 영업으로 돌아왔다. 그렇게 힘든 날을 토니 고든은 보내고 있었다.

그런 토니가 인생의 반전 드라마를 썼다. 목표 설정의 중요성을 우연히 깨닫고 변화에 성공했다. 8년이라는 긴 세월을 고전했던 토니 고든은 마침내 MDRT 회원이 된다. 그 후 40년 가까운 세월을 MDRT·TOT 회원으로 활동한다.

이 사실은 우리를 고무시킨다. 특정 강사의 말에 우리가 감동을 받는 이유는 그 강연에 담긴 지식과 감성 때문이기도 하지만, 강사가 살아온 인생 자체 때문이기도 하다. 토니 고든이 그렇다. 그의 인생 스토리는 감동이 있다. 많은 역경에도 불구하고 이뤄 낸 성공적인 삶에서 우리는 용기를 얻는다.

'아, 토니 고든 같은 탁월한 재무설계사도 힘든 시절이 있었구나.'

포기하지 않아야 한다. 토니 고든의 삶이 우리에게 시사해 주는 바는 명확하다. 포기하지 않으면 기회가 온다. 되돌아서 건너갈 수 있는 다리를 불태워 버리는 것이 성공의 첫 번째 조건이다. 경험에서 나온 토니 고든의 말을 우리는 잊지 말아야 한다.

포기하지 마라. 시작하기 전에 먼저 자신과 약속하라. 중간에 포기할 생각이라면 지금 멈춰라. 만약 출발한다면 돌아가는 길은 없다고 각오하라. 영업의 선배들은 한 가지 사실만큼은 우리에게 장담한다. 포기하지 않는다면 성공할 수 있다. 재무설계사라는 직업에 그리 대단한 재능이 요구되지 않기 때문이다.

영업에서 성공한 사람은 단순한 일을 끊임없이 반복했을 뿐이다. 끈기를 대신할 것은 아무것도 없다. 이 길을 간 수많은 선배들이 그 사실을 증명했다.

포기하지 않는 한 실패하지 않는다. 이 말을 진심으로 받아들일 수 있는가?

자, 이제 결심이 섰다면 출발하자.

맺음말

4차 산업혁명시대, 사람과 소통하는 능력이 더 중요해진다

'4차 산업혁명'이 시대의 키워드가 되었다. 2016년 세계 경제 포럼(WEF: World Economic Forum)에서 처음 언급된 후 '4차 산업혁명'이란 말은 전 세계의 주요 의제가 되었다. 한국도 예외는 아니다. 언론에서도 연일 다루는 뉴스거리 중 하나로 자리했다. 이전과는 전혀 다른, 새로운 세상이 오고 있다며 보도에 열을 올린다.

서점을 가 봐도 알 수 있다. 관련 도서가 넘쳐 난다. 온라인 서점 '예스24'에서 '4차 산업혁명'으로 검색해 보면 총 744건의 책이 뜬다(18년 8월 기준). 엄청난 양이다. 지난 2017년 19대 대선 때도 모든 후보가 4차 산업혁명에 대한 비전 제시를 빼놓지 않았다. 특정 후보의 공약이 아니라 모두가 다뤘던 주요 쟁점이었다. 그만큼 사회의 중요 이슈가 되었다는 뜻이다.

"Everyone should know how to program a computer, because it teaches you how to think(모든 사람들은 코딩을 배워야 합니다. 코딩은 생각하는 방법을 가르쳐 줍니다)."

한 시대를 풍미했던 스티브 잡스가 했던 얘기다. 코딩coding이란 컴퓨터 프로그래밍을 뜻한다. 잡스는 프로그래밍을 통해 논리력과 사고력을 기를 수 있다고 주장했다.

이런 시대 분위기를 반영하듯 한국에서도 '코딩' 교육에 관심이 뜨겁다. 과거 경제 성장을 위해 무역에 집중하던 시절, 나라 전체가 영어에 목을 매었듯 지금은 코딩에 대한 열기가 뜨겁다. 초등학생 심지어 유치원생까지 배우기도 한다. 그야말로 코딩 교육 열풍이다.

물론 그 취지는 이해한다. 하지만 모든 아이에게 코딩 교육을 강요해야 할까? 자녀를 위해서가 아니라 불안한 부모의 마음 때문에 가르치는 것은 아닐까? 코딩을 모르면 사회에 뒤쳐진 사람이 될지 모른다는 우려가 과열된 사회 분위기를 만든다. 세상이 온통 '4차 산업혁명'에 매몰된 느낌이다.

인공 지능^AI, 사물 인터넷^IoT, 3D 프린팅, 빅데이터, 로봇공학, 나노기술, 생명공학 기술 등이 촉발한 산업 변화는 세상을 빠르게 변화시키고 있다. 미래는 분명 과거와는 전혀 다를 것이다.

미래학자 토마스 프레이^Thomas Frey는 "2030년까지 전 세계에서 20억 개의 일자리가 사라질 것이다."라는 반갑지 않은 예언을 했다. 그리고 그 말은 점차 현실이 되어 가고 있다.

이 시점에서 무엇을 준비해야 할까? 현재를 살고 있는 우리는 미래를 준비할 아이들에게 무엇을 교육해야 할까? 어떻게 대비하라고 조언할까? 코딩을 가르치면 모든 아이들이 과학 영재로 자라 '4차 산업혁명'의 주인공이 될 수 있을까?

교육 선진국이라고 불리는 핀란드를 보자. 핀란드는 2020년부터 교과 과목이 바뀐다고 한다. 기존의 국어, 영어, 수학, 과학 같은 과목 대신 4개 영역으로 구분한 4과목으로 아이들을 가르칠 예정이다. 그 4가지 과목이 흥미로운데 이를 '4C'라고 부른다.

첫 번째는 'Collaboration^협업'이다. 사회생활을 조금이라도 해 본 사람이라면 고개를 끄덕일 것이다. 과거의 학교 교육 시스템 아래에서는 본인만의 노력으로 개인 성적이 좌우되었지만, 사회에서는 그런 일이 드물다. 누군가와 함께 일을 하고 그 결과에 따라 성과를 낸다. 학문 연구와 같은 지식 분야도 최근 들어서는 '집단 지성Collective Intelligence'이 강조된다. 개인의 능력도 필요하지만 타인과 공조하는 능력이 더 중요하다. 핀란드는 이 사실에 주목했다. 학교에서부터 누군가와 공동으로 일을 하는 경험을 가르친다. 타인과 협업을 잘하는 능력은 사회가 꼭 필요로 하는 인재의 중요 자질이다.

두 번째는 'Creativity창의력', 세 번째는 'Critical Think사고력'이다. 산업 흐름의 변화에 따라 창의력과 사고력이 그 어느 때보다 중요해진 시대다. 과거에는 지식을 이해시키는 것이 교육의 중요한 목표였다. 정보를 이해하고 암기하는 능력이 중요했기 때문이다. 지금은 아니다. 필요한 지식은 언제 어디서나 쉽게 구할 수 있다.

미래는 지식을 습득하는 수준에서 머물지 않고 새로운 생각을 하는 능력이 요구된다. 기존의 정보를 분류하고 편집해 창조해야 한다. 이전에 없던 아이디어를 상상하고 만들어 내는 능력이 교육의 목표가 되었다.

네 번째 교과 과정은 'Communication의사소통'이다. 현대 사회에서 의사소통 능력은 중요한 자질이 되었다. 현대인은 과거 그 어느 때보다 많은 사람과 소통하고 다양한 문화권의 사람과 함께 살아간다. 타인과 소통하는 능력을 배워야 하는 시대가 되었다.

지금 우리에겐 역발상이 필요하다. 위에서 소개했던 핀란드의 교육 시스템을 다시 살펴보자. 4개의 테마 중 창의력과 사고력 과목은 개인의 역량 강화 학습이지만, 협업과 의사소통은 다른 사람과의 관계를 배우는 일이다.

새로운 산업으로 넘어가는 시대, 정작 사람에게 필요한 능력이 무엇일까? 우리 모두가 스티브 잡스가 되거나 마크 저커버그처럼 될 수는 없는 노릇이다. 그럼 무엇을 할까? 과거 사람의 노동이 필요한 일을 로봇이 대체하고 인공지능이 대신한다면 사람에게는 무슨 일이 남을까? 타인을 이해하고 정서적으로 교류하는 일이 소중하지 않을까? 자신이 경험했던 일을 타인에게 전달하고 생각을 나누는 감정적인 교감이 인간에게 남는 최후의 능력이 아닐까?

미래에는 사람을 이해하고 소통하는 인간만의 능력이 부각될지 모른다. 세일즈는 사람과 소통하고 설득하는 기술이다. 4차 산업혁명의 시대, 세일즈야말로 사람이 알아야 할 가장 기본적인 지식이고 기술이다. 이제 우리 모두 세일즈를 배워야 한다. 서두에서 인용했던 스티브 잡스는 모든 사람들이 코딩을 배우라고 말했는데 그와 마찬가지로 영업 기술을 익혀야 한다. 세일즈는 인간의 가장 원시적인 능력이자 최후의 능력이다.

『파는 것이 인간이다』라는 책을 통해 미래학자 다니엘 핑크는 주장한다. 모든 이가 세일즈를 배워야 하는 시대다. 세상일 대부분은 직접적인 판매가 이루어지지 않을 뿐, 세일즈와 같은 행위라고 설명한다. 다니엘 핑크는 이런 일 모두를 '비판매 세일즈'라고 부른다. 즉 직접 판매가 있든 없든 사람은 누군가에게 무언가를 판다는 뜻이다. 동감한다. 다니엘 핑크의 주장처럼 세일즈는 본질적으로 인간 그 자체이다.

다행인 점은 영업 기술은 창의력이나 사고력보다 배우기가 훨씬 쉽다는 사실이다. 영업의 기본 원리는 어렵지 않다. 누구나 따라할 수 있는 일이다. 이 책에서 설명한 21가지 원리를 하루씩 따라 익히고 실천해 보면 어느새 영업 전문가의 기본 자질을 체득할 것이라고 확신한다.

끝으로 49년 동안 MDRT 회원이었던 벤 펠드먼의 말을 인용하며 글을 맺으려고 한다. 그는 50년 이상을 성공적인 세일즈맨으로 활동했고, 5대륙에 있는 12개의 높은 산을 정복했다.

"등산을 할 때, 저는 정상을 바라보지 않습니다. 항상 제 신발을 보지요. 제 과제는 산을 오르는 것이 아니라 다음 열걸음을 내딛는 것입니다."

영업인 모두의 롱런을 응원한다.

평범함에서 탁월함으로
21일 만에 배우는 세일즈의 모든 것

초판 1쇄 펴냄 2018년 10월 4일
초판 4쇄 펴냄 2019년 2월 16일

지은이   박성만 공민호
펴낸이   최나미
편집   원하나
디자인   정미영
캘리그라피 김경진
교정교열   김동욱
경영지원   고민정

펴낸곳   한월북스
출판등록   2017년 7월 13일 제 2017-000007호
전화   070-7643-0012
팩스   0504-324-7100
이메일   hanwallbooks@naver.com

ISBN   979-11-961945-2-9 03320

- 책값은 표지 뒤쪽에 있습니다.
- 잘못 만들어진 책은 바꾸어 드립니다.
- 이 책 내용의 전부 또는 일부를 재사용하려면 반드시 저작권자와 한월북스 양측의 동의를 받아야 합니다.
- 이 도서의 국립중앙도서관 출판예정도서목록(CIP)은 서지정보유통지원시스템 홈페이지(http://seoji.nl.go.kr)와 국가자료공동목록시스템(http://www.nl.go.kr/kolisnet)에서 이용하실 수 있습니다.(CIP제어번호: CIP2018028542)
- Image ⓒ jesadaphorm(게티이미지코리아)